An der Grenze zu Kentucky:

Eine Geschichte der kämpfenden Pioniere des Westens

James Otis

Writat

Diese Ausgabe erschien im Jahr 2023

ISBN: 9789359258294

Herausgegeben von
Writat
E-Mail: info@writat.com

Inhalt

VORWORT.

„Der arme Simon Kenton erlebte die bitteren Auswirkungen von Unrecht, Undankbarkeit und Vernachlässigung. Aufgrund einiger rechtlicher Angelegenheiten bezüglich seiner Ländereien in Kentucky wurde er genau an der Stelle, an der er 1775 seine Hütte baute, zwölf Monate lang inhaftiert. Im Jahr 1802 wurde er zum Bettler Durch Klagen und Verluste wurde er landlos. Dennoch murrte er nie über die Undankbarkeit, die ihn niederdrückte, und 1813 schloss sich der Veteran den Kentucky-Truppen unter Shelby an und nahm an der Schlacht an der Themse teil. 1824, damals siebzig Jahre alt, Er reiste in zerfetzten Gewändern und auf einem elenden Pferd nach Frankfort, um die Legislative von Kentucky zu bitten, die Ansprüche des Staates auf einige seiner Bergländereien freizugeben. Er wurde von den Jungen angestarrt und von den Bürgern aus keinem Grund gemieden kannte ihn. Schließlich erkannte ihn General Thomas Fletcher, gab ihm einen neuen Anzug und bewirtete ihn freundlich. Als bekannt wurde, dass Simon Kenton in der Stadt war, strömten Scharen herbei, um den alten Helden zu sehen. Er wurde zum Kapitol gebracht und sitzt auf dem Stuhl des Sprechers. Seine Ländereien wurden freigegeben und der Kongress gewährte ihm anschließend eine Rente von zweihundertvierzig Dollar pro Jahr. Er starb im Alter von einundachtzig Jahren im Jahr 1836 in seinem Wohnsitz an der Quelle des Mad River, Logan County, Ohio, in Sichtweite des Ortes, an den ihn die Indianer vor achtundfünfzig Jahren bringen wollten zu Tode."

(Lossings „Feldbuch der Revolution".)

KAPITEL I.
SIMON KENTON.

Es ist meine Absicht, das niederzuschreiben, was ich in der Zeit gesehen habe, als Simon Kenton mir meine ersten Lektionen im Holzhandwerk gab, und es ist gut, dies im Voraus zu sagen, damit anderen die Möglichkeit genommen wird, etwas zu sagen, was unangenehm klingen würde: –, dass der Schüler eine Zeit lang so langweilig war, dass jemand, der weniger geduldig und gewissenhaft gewesen wäre als Kenton, den Unterricht schnell zu Ende gebracht hätte.

Das Schwierigste scheint mir jetzt zu sein, zu entscheiden, wie ich diese Geschichte von dem Wenigen beginnen soll, was ich im Gnadenjahr 1778 an der Grenze zu Kentucky getan habe, und mir fällt kein Plan ein, der einen besseren Erfolg verspricht, als den, hier etwas zu kopieren Ich habe es in einem gedruckten Buch gelesen, lange Jahre nachdem ich, ein grüner Junge, meinen kleinen Beitrag dazu geleistet hatte, den Siedlern Frieden und ein Gefühl der Sicherheit zu bringen, die danach strebten, ein Zuhause für sich und ihre Familien in dem damaligen sogenannten „Soldaten" zu schaffen die Kolonie Virginia.

Ich benutze einen solchen Anfang, weil es mir so vorkommt, als ob der weise Mann, der auf diese Weise den damaligen Stand der Dinge unter uns erklärt, in wenigen Zeilen erzählt, was ich über viele Seiten Papier vergeblich in Form gebracht hätte -halb so prägnant und zufriedenstellend:

„Mit der einzigen Ausnahme von Dunmores Expedition im Jahr 1774 waren die Feindseligkeiten westlich der Alleghanies nichts anderes als eine Reihe von Grenzkonflikten, bei denen jede kleine Partei auf eigene Verantwortung handelte, bis Major George Rogers Clarke 1778 eine regelmäßige Expedition gegen die Grenzposten leitete des Feindes in der Wildnis. Clarke reiste 1772 zum ersten Mal nach Kentucky, als er mit Reverend David Jones den Ohio hinunter paddelte, damals auf dem Weg, den Westindianern das Evangelium zu predigen.

„Er war sofort beeindruckt von der Bedeutung dieser fruchtbaren Region und der Notwendigkeit, sie zu einem sicheren Ort für Siedlungen zu machen. Sein Geist war klar und umfassend, sein persönlicher Mut von wahrer Prägung, seine körperlichen und geistigen Energien immer kraftvoll." , und er wurde bald zu einem Orakel unter den Hinterwäldlern. In den Jahren 1775 und 1776 durchquerte er weite Gebiete der Wildnis südlich von Ohio, studierte den Charakter der Indianer hauptsächlich anhand der Beobachtungen anderer und versuchte, eine zu entdecken Plan, durch den eine Flut der Auswanderung unkontrolliert und sicher in dieses Paradies des Kontinents strömen könnte.

„Er kam bald zu der Überzeugung, dass die britischen Garnisonen in Detroit, Kaskaskia und Vincennes die Nester jener Geier waren, die die schwachen Siedlungen im Westen ausplünderten und den jungfräulichen Boden mit dem Blut der Pioniere überschwemmten. Virginia, zu welcher Provinz zu dieser reichen Wildnis gehörte, setzte zu dieser Zeit alle seine Kräfte ein, um die Sache der Unabhängigkeit innerhalb seiner Grenzen östlich der Alleghanies voranzutreiben, und die Siedler westlich der Berge waren sich selbst überlassen.

„Major Clarke, überzeugt von der Notwendigkeit, die feindlichen Festungen im Ohio-Land zu reduzieren, legte im Dezember 1777 der gesetzgebenden Körperschaft von Virginia einen Plan zu diesem Zweck vor. Sein Plan fand große Zustimmung, und Gouverneur Henry und sein Rat zeigten großes Interesse." dass Major Clarke zwei Befehle erhielt: einen öffentlichen, der ihm befahl, „zur Verteidigung Kentuckys vorzurücken", den anderen privaten, der einen Angriff auf das britische Fort in Kaskaskia anordnete. Zwölfhundert Pfund wurden zur Deckung der Kosten der Expedition bereitgestellt ; und der Kommandant von Fort Pitt wurde angewiesen, Clarke mit Munition, Booten und anderer notwendiger Ausrüstung auszustatten.

„Seine Truppe bestand nur aus vier Kompanien, und sie waren alle erstklassige Männer. Zu Beginn des Frühlings trafen sie sich auf Corn Island, an den Wasserfällen des Ohio, sechshundertsieben Meilen auf dem Wasserweg, unterhalb von Fort Pitt. Hier gesellte sich Clarke hinzu Simon Kenton, einer der kühnsten Pioniere des Westens, damals ein junger Mann von zweiundzwanzig Jahren. Er war bereits zwei Jahre zuvor als Spion tätig gewesen; fortan hatte er einen ehrenvolleren, aber nicht nützlicheren Dienst inne. "

Nachdem nun so viel von jemand anderem erklärt wurde, weiß ich immer noch nicht, wie diese armselige Geschichte beginnen soll, und nach langem Auspeitschen meines schwachen Gehirns habe ich beschlossen, mich auf die gleiche Art und Weise mit der Sache zu befassen, wie die Ereignisse geschehen Meine Erinnerung nach diesen vielen Jahren des Friedens und des Nichtstuns.

An einem bestimmten Morgen im Februar des Jahres 1778 ging ich hinaus, um mich um meine Fallen zu kümmern, und hatte mich am Ufer des Ohio River niedergelassen, um über eine Frage zu entscheiden, die mich schon seit vielen Tagen beschäftigte.

Niemals habe ich die Tatsache aus den Augen verloren, dass ich einen klaren Verstand haben musste, wenn ich damit rechnete, meine Haare zu behalten, denn in den vergangenen sechs Monaten war in dieser Gegend schon so mancher Skalp abgenommen worden, und das glaubte ich dass nichts Größeres als ein Eichhörnchen in Schlagdistanz gelangen könnte, außer mit meinem eigenen Wissen und meiner Zustimmung.

Deshalb sprang ich ganz plötzlich in größter Angst auf, als ein weißer Mann vor mir stand und sich so lautlos näherte, dass es fast war, als wäre er durch die Erde aufgetaucht.

Es ist nicht anzunehmen, dass Indianer die einzigen Wesen in Menschengestalt waren, die wir Siedler am Ohio damals zu fürchten hatten; Es gab viele weiße Männer, deren Herzen so schwarz waren wie die der Wilden, und die sich aus reiner Liebe zum Blutvergießen auf einen ihrer Artgenossen einließen , wenn sich kein anderer Grund bot.

Als ich mich hier niederließ, sprang ich auf, das Gewehr in der Hand, bereit für die erste drohende Bewegung des Fremden; aber er ließ kaum erkennen, dass er ein Feind war.

Seine Waffe war über seine Armbeuge geworfen, während er dastand und mich freundlich ansah, und ich hätte ihn leicht erschießen können, wenn er nicht schneller mit einem Gewehr gewesen wäre als alle anderen, die ich je getroffen hatte.

Dieser Neuankömmling war ein junger Bursche, kaum älter als einundzwanzig, wie es mir damals vorkam, und da war etwas in seinem Gesicht, das darauf hindeutete, dass er ein enger Freund oder ein gefährlicher Feind sein konnte, ganz gleich, auf welche Weise man sich ihm näherte.

„Auf der Suche nach Pelz?" sagte er, anstatt zu fragen, und warf einen Blick auf die Fallen, die in der Nähe lagen.

Ich nickte; Aber ich blieb auf der Hut und war entschlossen, mich nicht durch sanfte Worte benachteiligen zu lassen.

„Es ist besser, in Bewegung zu bleiben, als herumzuliegen, wo ein schleichender Indianer vielleicht etwas zu nahe herankriecht", sagte er mit einem Lächeln, als er sich neben den verfallenden Baumstamm setzte, auf dem ich die Fallen zurückgelassen hatte .

„Ich hätte geschworen, dass weder Weiß noch Rot auf die Art und Weise über mich gekommen wären, wie du es getan hast", sagte ich hitzig und schämte mich zutiefst, so nachlässig gewesen zu sein.

„Ich schätze, es hätte einen Indianer vielleicht verwirrt, diesen Trick zu machen. Wenn ich sie nicht in der Bewegung schlagen könnte, wäre mein Kopf diese fünf Jahre lang nackt gewesen."

Es klang fast nach Prahlerei, als er behauptete, einen Indianer im Holzhandwerk schlagen zu können, denn damals glaubte ich, die Wilden könnten jeden Siedler überlisten, der jemals lebte; Aber bevor viele Wochen vergangen waren, wurde mir klar, dass ich mich schrecklich geirrt hatte.

„Ist das dort unten unter dem großen Hügel deine Hütte?" fragte er, eher um ein Gespräch zu beginnen als aus Neugier.

„Ja; warst du dort?"

„Ich habe es mir angesehen, aber nicht versucht, Bekanntschaft zu machen. Wohnt deine Mutter dort?"

„Ja; sie und ich allein."

„Was hat sie in diese Wildnis geschickt, mit niemandem außer einem Jungen wie dir?" „„ fragte er und sprach so, als wäre er doppelt so alt wie ich, obwohl er, wenn nicht alle Zeichen versagten, nicht mehr als fünf Jahre älter war als ich.

„Vater war bei uns, als wir letztes Jahr kamen. Er wurde vor fast zwei Monaten von den mordenden wilden Schleichern getötet."

„Warum hast du hier festgehalten?" fragte der Fremde und musterte mich neugierig. „Sicher ist die Räumung noch nicht so weit fortgeschritten, dass es sich lohnt, dafür das Leben zu riskieren."

„Mutter hätte weggepackt, aber ich konnte nicht gehen."

"Warum?"

„Es ist ein armer Sohn, der nicht wenigstens versucht, so eine Rechnung wegzuwischen, und ich werde hier durchhalten, bis diejenigen, die den armen alten Mann getötet haben, herausgefunden haben, wer ich bin!"

Tränen aus einer Mischung aus Wut, Trauer und Hilflosigkeit traten in meine Augen, als ich so hitzig sprach, und ich drehte mich schnell um, damit dieser Fremde, der sie sah, mich nicht für einen jüngeren Jungen halten könnte, als ich wirklich war.

„Es ist eine ziemliche Arbeit, die Sie auf sich genommen haben", sagte er nach einer Pause. „Die Indianer hier in der Nähe dürfen nicht jede Stunde beim Nickerchen erwischt werden, und die Chancen stehen gut, dass deine Mutter alleine auf der Lichtung steht, bevor du bei der Begleichung der Rechnung große Fortschritte gemacht hast."

„Weil du dich an mich herangeschlichen hast, gibt es keinen Grund, warum die roten Schlangen dasselbe tun können!" Ich weinte wütend, woraufhin er ernst nickte, als würde er mir zustimmen, woraufhin er fragte:

"Wie alt bist du?"

„Muss ein Mensch mehr oder weniger so viele Jahre hinter sich haben, bevor er die Arbeit eines Mannes verrichten kann?" „Forderte ich und bewies durch meine Gereiztheit, dass ich kaum mehr als ein Kind war.

„Ich habe die Frage überhaupt nicht im Kopf gestellt. Vielleicht habe ich mich gefragt, ob Sie über die Erfahrung verfügen, die Sie benötigen, bevor Ihre Arbeit erledigt ist."

„Ich bin gerade sechzehn geworden", antwortete ich und schämte mich zutiefst, dass ich so schlecht gelaunt war.

„Woher kommst du?"

"Pennsylvania."

„War Ihr Vater ein Tory?" er hat gefragt.

„Das war er tatsächlich nicht!" und jetzt wurde mir wieder heiß. „Er glaubte, wir könnten unsere Lage verbessern, indem wir in die Wildnis vordringen, denn wenn das Land eines Mannes von zwei Armeen überrannt wird, wie es bei uns der Fall war, ist die Landwirtschaft ein schlechtes Gewerbe."

Dann befragte er mich noch genauer, bis ich am Ende meiner Kurzgeschichte angelangt war, die mit dem Tag begann, an dem wir die von William Penn gegründete Kolonie verließen, und mit der Stunde endete, in der ich selten auf den verstümmelten Körper meines armen Vaters stieß eine halbe Meile von unserer Lichtung entfernt, wo die Bestien in Menschengestalt ihn gefoltert hatten.

All dies erzählte ich dem Fremden, als wäre er ein alter Freund gewesen, denn in seiner Stimme und seinem Verhalten lag etwas, das mein Herz sofort eroberte, und als die traurige Geschichte zu Ende war, wurde mir klar, dass er mich nicht untätig befragt hatte .

„Mein Name ist Simon Kenton", sagte er nach einer Weile des Schweigens, als würde er noch einmal darüber nachdenken, was ich ihm gesagt hatte. „An dem Tag, als ich sechzehn war, bin ich in die Wildnis gezogen, weil – es gibt keinen Grund, warum dieser Teil davon erzählt werden muss. Es war vor sechs Jahren, und in diesen Jahren habe ich viel vom Leben an der Grenze gesehen." , obwohl es vielleicht besser gewesen wäre, wenn ich nach Osten gegangen wäre und mich an die Seite derer gestellt hätte, die gegen den König kämpfen. Aber das Leben eines Soldaten würde mein Getreide verlosen, schätze ich, also habe ich hier draußen in der Nähe von Fort durchgehalten Pitt, wo es viel zu tun gab.

„Fort Pitt!" rief ich aus. „Na, das ist doch eine weite Strecke flussaufwärts!"

„Sechshundert Meilen oder so.“

„Machst du hier unten Fallen?“ fragte ich und befragte ihn jetzt, wie er mich hatte.

„Ich fliege nach Corn Island?“

„Dann haben Sie nicht mehr viel vor sich. Es sind nicht mehr als ein Dutzend Meilen flussabwärts.“

„Das habe ich vermutet. Ich habe mein Kanu da drüben gelassen und bin zum Ufer gefahren, teils um etwas Fleisch zu finden, teils um mich umzusehen.“

Dann geschah es, und bevor ich ihn weiter befragen konnte, erzählte er mir, warum er gekommen war, dessen Inhalt ich bereits in der Sprache eines anderen dargelegt habe. Damals gab er mir die Geschichte nicht vollständig, so wie sie von ihm geschrieben worden war, dessen Worte ich am Anfang dieser Geschichte zitierte; aber ich wusste, dass die Siedler gegen die Briten und Indianer vorgingen, und das schien mir ein äußerst edles Unterfangen, denn wenn die Offiziere des Königs die Wilden nicht zu blutigen Taten angestachelt hätten, wäre die Grenze möglicherweise ein Land des Friedens gewesen.

Als er mit der Geschichte fertig war und Simon Kenton nicht zu den Leuten gehörte, die mehr Worte als nötig brauchten, schlug ich ihm vor, mit mir nach Hause zu gehen, denn zu diesem Zeitpunkt war es schon fast Mittag, und ich hatte es plötzlich getan verlor jegliche Lust, mit der Arbeit des Fallenstellens fortzufahren.

Er stimmte bereitwillig zu, als würde es seine Pläne begünstigen, und wir gingen beide zurück zur Lichtung. Er bewegte sich eher wie ein Schatten durch das Dickicht als wie ein kräftig gebauter Mann, dessen Gewicht solch heimliches Reisen zu verhindern schien. Noch nie hatte ich einen so geräuschlosen Fortschritt gesehen; ein Eichhörnchen hätte seine Anwesenheit besser verdeutlicht, und ich wunderte mich nicht, dass er in Fort Pitt als Späher, Spion oder wie auch immer man seinen Beruf nennen mag, willkommen geheißen worden war.

Meine Mutter hieß den jungen Mann willkommen, so wie sie es mit jedem getan hätte, den ich zu unserem Haus in Pennsylvania und hier draußen in der Wildnis mitgebracht hätte, wo wir seit meinem armen Vater kein seltsames, aber freundliches Gesicht mehr gesehen hatten Als sie ermordet wurde, freute sie sich, jemanden zu treffen, der uns Neuigkeiten über die Außenwelt bringen könnte.

Simon Kenton war kein gebildeter Mann, wie man ihn in den östlichen Kolonien antreffen würde; aber er zeigte jedes Zeichen seiner ehrlichen

Absicht, und es war unmöglich, lange in seiner Gesellschaft zu bleiben, ohne zu glauben, dass er jemand sei, der jederzeit ein fester Freund sein würde.

Wir haben seinen Besuch mehr genossen, als man beschreiben kann, und dann hat er ohne Vorwarnung das Thema angesprochen, das von diesem Moment an einen großen Einfluss auf mein ganzes Leben hatte.

„Warum versuchst du, deine Mutter hier in der Wildnis festzuhalten, Louis Nelson?" fragte er plötzlich. „Sicherlich kann ein Junge wie du nicht darauf hoffen, ohne Hilfe eine Lichtung zu schaffen, und das setzt sie nur in große Gefahr eines grausamen Todes."

„Was kann ich sonst noch tun?" fragte ich überrascht, da ich keine Ahnung hatte, was er wirklich meinte.

„Bringen Sie sie dorthin, wo sie sich zumindest nachts hinlegen kann, ohne befürchten zu müssen, vom Schimmer des Skalpiermessers oder den Flammen ihrer eigenen Wohnung erregt zu werden", antwortete er entschieden.

„Alles, was wir auf der Welt haben, ist hier", sagte meine Mutter halb zu sich selbst.

„Dann wird es nicht schwer sein, es zu verlassen, denn ein Junge in Louis' Alter sollte dir fast überall etwas Gutes bieten können."

Ich sah ihn mit offenem Mund und Erstaunen an, woraufhin er in einem Ton sagte, der einen glauben ließ, dass er nur die Wahrheit sagte:

„Wir haben allen Grund zu der Annahme, dass es hier zu blutigen Szenen kommen wird, bevor Major Clarke seine Arbeit beendet hat. Sie können nicht hoffen, den bemalten Schurken standzuhalten, die auf der Suche nach weißem Blut, das vergossen werden kann, den Fluss auf und ab umherstreifen. Senden Bring deine Mutter mit den Booten, die bald zurückkehren werden, zurück nach Fort Pitt und begleite mich auf dieser Expedition. Du kannst im Herbst zu ihr gehen und genug Geld haben, um ein anderes Zuhause zu schaffen, das genauso gut oder besser ist als dieses, und Was noch wichtiger ist, Sie werden die Befriedigung haben, zu wissen, dass das Essen in Sicherheit ist.

Es gibt keinen guten Grund, warum ich hier alle Argumente aufzählen sollte, mit denen Simon Kenton mich davon überzeugt hat, das Haus aufzulösen, das mein Vater aufgebaut hatte, obwohl es in schlechtem Zustand war, und das auf Kosten seines Lebens, und noch nicht von seinen Bemühungen sprechen sollte Meine Mutter glaubt, dass ich mit der Truppe von Major Clarke weniger in Gefahr wäre, als wenn ich dort bliebe und darum kämpfte, gegen die Übergriffe der Wildnis voranzukommen, und gleichzeitig gezwungen wäre, auf der Hut zu bleiben, damit kein erbarmungsloser, wilder Feind mich ergreift mein Leben.

Es genügt, wenn ich sage, dass meine Mutter und ich, bevor die Schatten der Nacht länger wurden, davon überzeugt waren, dass er einen guten Rat gegeben hatte, und bereit waren, ihm zu folgen, sobald ein neuer Tag angebrochen war.

Wir beschlossen, unsere armselige Habe dort zu lassen, wo sie war, und machten uns am nächsten Morgen mit Kenton auf den Weg. Mutter sollte nach Fort Pitt gehen, wo sie beschützt werden würde, und ich sollte mit Zustimmung von Major Clarke in die Truppe rekrutieren, von der man annahm, dass sie die skrupellosen britischen Offiziere, die ständig danach strebten, die Unruhen aufzustacheln, aus dem Land vertreiben würde Wilde gegen diejenigen Siedler, die glaubten, die Kolonisten hätten einen guten Grund, gegen den König zu rebellieren.

Bis in die späte Stunde saß Simon Kenton bei uns beiden und erzählte von den vielen Abenteuern, die er erlebt hatte, seit er vor sechs Jahren sein Zuhause in Fauquier County, Virginia, verlassen hatte, und obwohl die Geschichten von mutigen Taten und haarsträubenden Fluchten handelten , es gab in seiner Rede nichts von Prahlerei. Es war, als würde er von dem sprechen, was eine andere Person getan hatte, und zwar ohne angemessenen Grund zum Lob.

Er sprach kein einziges Mal über den Grund, warum er das Haus verlassen hatte, und es lag etwas in seiner Art, das mich davon abhielt, irgendwelche Fragen zu stellen. Er erzählte so viel von seiner Lebensgeschichte, wie es ihm angemessen schien, und wir waren zufrieden und glaubten, dass er ein junger Mann mit bewährtem Mut und ehrlichen Absichten war.

Kenton und ich schliefen auf den Fellen vor dem Kamin, wo ich jemals mein Bett gemacht hatte, und wir hatten so wenig Angst, dass der Feind in der Nähe sein könnte, dass ich nicht einmal aus der Tür schaute, nachdem Mutter die Leiter hinaufgestiegen war führte zu dem rauen Dachboden, den sie ihr Zimmer nannte.

Es war das erste Mal seit dem grausamen Tod meines Vaters, dass ich nicht ein- oder mehrmals um die Hütte herumgegangen war, um sicherzustellen, dass alles ruhig war; Das Erscheinen dieses jungen Mannes hatte alle Gedanken an eine mögliche Gefahr aus meinem Kopf verbannt.

Diejenigen, die an der Grenze leben, schlafen zwar leicht; Aber sie verschwenden nicht viel Zeit damit, sich auf dem Bett herumzuwälzen, bevor sie im Schlaf die Augen schließen – und ich befand mich innerhalb weniger Augenblicke im Traumland, nachdem ich mich in voller Länge ausgestreckt hatte.

Es schien, als hätte ich gerade das Bewusstsein verloren, als ich aufwachte, eine schwere Hand auf meinem Mund vorfand und Simon Kenton flüstern hörte:

„Wir müssen raus. Die heimtückischen Rothäute haben die Hütte umzingelt. Bist du wach?"

Ich nickte, denn es wäre unmöglich gewesen zu sprechen, während seine Hand mir den Atem zu sperren schien, und er erhob sich sanft.

Ich brauche nicht zu sagen, dass wir auf dem Ohio im Jahr 1778 zuerst am Morgen an unsere Gewehre dachten und uns nachts nie hinlegten, ohne die zuverlässigen Waffen zu haben, mit denen wir sie leicht greifen konnten. Als ich Kentons Beispiel folgte, war ich bereit für den Kampf.

Ich konnte kein Geräusch hören, außer dem Rauschen des Windes in den Bäumen; Aber ich wusste, dass mein Begleiter guten Grund hatte, Alarm zu schlagen, und wahrscheinlich war er wachsam gewesen, während ich mich zum Schlafen zusammengefunden hatte.

„Gib deiner Mutter Bescheid, aber lass sie nicht hierher kommen", flüsterte er, als ich mich zu ihm ans Fenster gesellte, wo er mit dem Ohr an der Spalte stand. „Machen Sie keinen Lärm, vielleicht können wir die bemalten Schlangen überraschen, was eine schöne Wende wäre."

Ich folgte seiner Anweisung und hörte meine Mutter mit leiser Stimme sagen, als ich mich umdrehte, um die Leiter hinunterzusteigen:

„Seien Sie vorsichtig, Louis, und entblößen Sie sich nicht leichtsinnig, um unserem Besucher den Eindruck zu vermitteln, dass Sie ihm in mutigen Taten ebenbürtig sind."

Unter fast allen anderen Umständen hätte ich über den Gedanken lachen können, dass ich vielleicht sogar hoffen könnte, Simon Kenton an Tapferkeit zu erreichen; Aber wenn der Tod naht, lässt man sich nicht von Fröhlichkeit leiten, und ich eilte an die Seite des jungen Mannes, während ein Gebet der Dankbarkeit in meinem Herzen aufstieg, weil es der Zufall war, dass er bei uns war, als ein erfahrener Kopf und ein erfahrener Arm gebraucht wurden

.

Es ist nicht meine Absicht, mich selbst herabzusetzen. Während ich unseren Besucher als einen Ältesten betrachtete, der sich mit der Kriegsführung, die vor uns lag, gut auskennte, wusste ich ganz genau, dass ich mich nicht dumm verhalten hätte, wenn ich allein gewesen wäre. Es könnte sein, dass ich mich gegen die Wilden nicht behaupten kann; aber meine eigene Torheit hätte den Tod nicht herbeigeführt.

Sowohl die Tür als auch die Fensterläden waren mit Schießscharten versehen, und hier bezog Kenton Stellung und postierte mich auf der dem Hügel am nächsten gelegenen Seite des Hauses, von wo aus wir natürlich erwarten konnten, dass der Feind kommen würde.

Meine Mutter erschien, bevor wir alle Vorbereitungen für einen Kampf getroffen hatten, und machte sich sofort daran, uns mit Munition und Lebensmitteln zu versorgen, damit wir nicht gezwungen waren, unsere Posten auf der Suche nach einem von beiden zu verlassen.

Dann ergriff sie das Gewehr meines Vaters, das neben mir an der Seite der Hütte lehnte, als wolle sie zeigen, dass es ihre Absicht sei, alles in ihrer Macht Stehende zur Verteidigung zu tun, woraufhin Kenton missbilligend den Kopf schüttelte und es vielleicht auch getan hätte erhob Einspruch dagegen, von einer Frau unterstützt zu werden; Doch bevor er seine Lippen zum Sprechen öffnen konnte, waren die bemalten Unholde über uns.

Mit Schreien und Schreien stiegen sie dicht unter die Wände der Hütte, wo wir sie möglicherweise nicht ausfindig machen konnten, und im selben Moment ertönte eine Salve von Gewehrschüssen, als drei Kugeln zwischen den Spalten der Baumstämme ins Innere einschlugen .

KAPITEL II.
BELAGERT.

Diese Art der Kriegsführung war für mich neu. Obwohl unsere Hütte so weit entfernt von jeder anderen Siedlung an der Grenze lebte, war sie noch nie zuvor von Wilden angegriffen worden.

Mein Vater wurde in einiger Entfernung von zu Hause getötet, und den Schildern in der Nähe des Ortes, an dem er zu Tode gefoltert worden war, nach zu urteilen, schien es sicher, dass nicht mehr als drei Indianer ihn gefangen genommen hatten.

Höchstwahrscheinlich handelte es sich um eine Gruppe von Jägern, die nicht wirklich Unfug getrieben hatten, sondern die Gelegenheit sahen, einem Weißen das Leben zu nehmen, und sie nutzten. Wären sie auf dem Kriegspfad gewesen, wäre unsere Hütte höchstwahrscheinlich angegriffen worden.

Für Simon Kenton war diese Art von Arbeit jedoch keineswegs neu. Er war viele Male belagert worden, wie wir aus den Geschichten wussten, die uns der junge Mann kurz zuvor erzählt hatte; aber ich wagte zu sagen, dass er noch nie zuvor mit einer so geringen Streitmacht und an einem Ort, an dem es unwahrscheinlich war, dass Hilfe kommen würde, gegen die gemalten Feinde angetreten war.

Unsere Hütte lag so weit vom Fluss entfernt, dass diejenigen, die flussaufwärts oder flussabwärts gingen, nicht vermuteten, dass sich in der Nähe eine Behausung befand, und wenn man sich nicht gut mit der Lichtung auskannte, könnten hundert Männer hin und her gehen, ohne daran zu denken, dass a Ein Siedler hatte sich in diese Gegend gewagt.

Deshalb wurde mir und höchstwahrscheinlich auch Simon Kenton klar, wie völlig allein wir waren. Wenn wir diesen Feind, der uns so plötzlich angegriffen hatte, nicht innerhalb verhältnismäßig kurzer Zeit zurückschlagen konnten, war das Ende für alle nahe, denn es waren keine Vorbereitungen für eine Belagerung getroffen worden, und unser Vorrat an Proviant und Wasser war nicht einmal mit Vorsicht getroffen Lebenshaltungskosten müssen innerhalb weniger Tage erschöpft sein.

Als mir das alles in den Sinn kam und ich erfuhr, dass es den Indianern möglich war, ihre Kugeln durch die Ritzen zwischen den Baumstämmen nach innen zu schießen, vorausgesetzt, sie waren ausreichend gute Schützen, wurde mir das Herz schwer. Ich sagte mir, dass Kenton zu spät gekommen war, um uns zu dienen, und zu früh für seine eigene Sicherheit.

Wie gesagt, die Wilden hatten sich im Schutz der Dunkelheit dicht unter die Wände der Hütte geschlichen und konnten ohne große Gefahr für sich auf uns schießen. Unsere einzige Hoffnung bestand darin, sie von ihrem Standpunkt zu vertreiben, und das war mir völlig klar, obwohl ich in der Kriegsführung unerfahren war.

Wenn man liest, was hier niedergelegt ist, könnte man sagen, dass ein sechzehnjähriger Junge in der Lage, in der ich mich in diesem Moment befand, die Chancen für und gegen eine erfolgreiche Verteidigung nicht so ruhig abwägen würde. Als Antwort auf solche Kritik würde ich sagen, dass meiner Meinung nach jeder Mensch mit normaler Intelligenz aufgrund der ausreichenden Zeit zum Nachdenken zwangsläufig die gleichen Gedanken gehabt haben muss.

Nach der ersten Salve und bis etwa zehn Minuten vergangen waren, gaben die Indianer kein Lebenszeichen von sich. Alles war still, als wären wir drei allein in der Wildnis – als wäre es ein schrecklicher Albtraum gewesen, der uns geweckt hätte. Während dieser Zeit stand Simon Kenton wie eine Statue da; aber in einer solchen Haltung, dass ich verstehen konnte, dass alle seine Sinne wachsam waren. Er war ein erfahrener indischer Kämpfer, der auf irgendein Zeichen lauschte, das ihm einen Hinweis geben sollte, wie er sein eigenes Leben am besten schützen konnte.

Meine Mutter blieb in der Nähe einer der Schießscharten auf der Rückseite des Hauses, ebenfalls in Alarmbereitschaft, und ich hatte mich noch nicht von der Position entfernt, die wir eingenommen hatten, als wir unsere ersten schlechten Vorbereitungen für die Verteidigung trafen.

Plötzlich, und als ich zu der Überzeugung gekommen war, dass unsere Chancen auf eine erfolgreiche Verteidigung tatsächlich gering waren, bewegte sich Simon Kenton schnell, aber lautlos auf die Seite des Raumes gegenüber, wo ich stand, und schob die Mündung seines Gewehrs zwischen die Baumstämme in der Nähe zu Boden und feuerte ab.

Dem Knall der Waffe folgte ein Schmerzensschrei, und es war, als wäre der Lärm gerade erst verstummt, als der junge Mann sein Gewehr noch einmal feuerte, so schnell waren seine Bewegungen.

Ein, zwei, vielleicht drei Minuten vergingen schweigend, und noch einmal, aber in einer anderen Viertelstunde wiederholte Kenton sein Manöver, obwohl ich in dieser Zeit außer meinem eigenen mühsamen Atmen überhaupt nichts gehört hatte.

Ein zweiter Schrei von außen verriet, dass zwei der bemalten Schlangen eine mehr oder weniger starke Dosis Blei erhalten hatten, ohne uns Schaden zugefügt zu haben.

Ich wusste, dass Kentons Taten das Ergebnis seines scharfen Gehörs waren, und sagte mir, dass der Mann von Natur aus für eine solche Arbeit geeignet gewesen sein musste, da es für niemanden unmöglich wäre, seine Ohren zu einer solchen Perfektion zu schulen.

Dieser Gedanke ging mir durch den Kopf, als ich draußen in der Nähe meines Standorts das Rascheln des Laubs hörte, und in diesem Moment tat ich, als wollte ich das Beispiel meines Begleiters nachahmen.

„Jetzt ist es zu spät", sagte er leise. „Die Schlangen schleichen davon und sind zufrieden, dass sie das Schlimmste aus einem solchen Spiel herausholen werden. Sie werden einen anderen Plan aushecken, bevor sie uns wieder beunruhigen."

„Aber so schnell haben wir sie sicher nicht besiegt", antwortete ich wie ein Idiot, und er lachte, als ob in meiner Bemerkung etwas Humor stecke.

„Sie sind hierher gekommen, um diese Hütte zu plündern, und werden sich nicht so schnell zurückziehen. Wir werden in den nächsten vierundzwanzig Stunden genug von ihrer Gesellschaft haben; aber ich schätze, wir haben eine Zeitlang eine Atempause. Das ist die Art und Weise, wie der britische König Krieg führt; er provoziert die Wilden gegen friedliche Siedler; aber sobald Major Clarke die englischen Nester zerstört hat, wage ich zu sagen, dass die Skorbut-Rotröcke ihre Aufmerksamkeit anderen Dingen zuwenden werden, als nur die Rolle zu spielen Metzgerei."

„Wenn wir erst bei Ihrer Ankunft mit der Truppe von Major Clarke in Kontakt gekommen wären", sagte ich verzweifelt, woraufhin Simon Kenton mir freundlich auf die Schulter klopfte und rief:

„Dies ist keine Zeit, darüber nachzudenken, was hätte passieren können, Louis Nelson. Männer an der Grenze müssen immer nach vorne schauen, sonst könnten ihre Herzen durch den Blick zurück ängstlich werden. Bis wir diese Wilden vertrieben haben, sollte es für uns so sein, als ob Die Truppe von Major Clarke war nie aufgebrochen.

Mutter hatte keinen Versuch unternommen, sich an der Unterhaltung zu beteiligen. Ihr blasses Gesicht und die zitternden Lippen verrieten, dass sie an jene Zeit dachte, die nur so kurz zurücklag, als Vater in den Fängen derer gewesen war, die in diesem Moment nach unserem Blut dürsteten, und Trauer alle Ängste überschattete, die der Vater hatte Zukunft könnte Gegenwart sein.

Während ich sie beobachtete und wohlwissend war, welche schrecklichen Erinnerungen in ihr aufgetaucht waren, verstummte ich und versuchte, so gut ich konnte, die Ängstlichkeit zurückzuhalten, die mich zu überkommen drohte, als mir klar wurde, was die Unglücklichen draußen tun würden, wenn wir einmal bei uns wären Die schwache Verteidigung wurde überwunden.

Simon Kenton bewegte sich geräuschlos wie eine Katze hier und da, nur darauf bedacht, so viel darüber zu erfahren, was draußen vor sich gehen könnte, wie seine Ohren es sagen konnten.

Während ich auf dem mir zugewiesenen Posten regungslos und schweigend verharrte, hörte er keinen Augenblick mit seinen heimlichen Bewegungen auf, und das Wissen, dass er so scharf auf der Hut war, trug viel dazu bei, mein schwaches Herz zu stärken.

Als vielleicht eine Stunde so in Stille vergangen war, kam in mir eine große Hoffnung, und törichterweise gab ich ihr Worte.

„Als die Wilden merkten, dass wir auf sie vorbereitet waren, haben sie sich zurückgezogen“, sagte ich, woraufhin Kenton mitleidig lächelte, wie man es bei der dummen Bemerkung eines Kindes tun würde.

„Wir werden sie nicht so leicht los, sonst unterscheiden sie sich von den Schurken, denen ich zufällig begegnet bin. Sobald wir angegriffen haben und Blut geflossen ist, müssen wir sie, das garantiere ich Ihnen, mit purer Gewalt besiegen.“ bevor wir damit rechnen können, dass sie diese Lichtung verlassen.

Als vielleicht eine weitere Stunde vergangen war und der Feind dennoch kein Zeichen machte, wurde ich mutiger und aß von dem Maiskuchen und dem getrockneten Wildbret, die zu unserer Erfrischung bereitgestellt worden waren; Aber Mutter blieb in düstere Gedanken versunken, und Simon Kenton ließ seine Wachsamkeit nicht im Geringsten nach.

Es musste bereits gegen Morgen vergangen sein, als wir noch etwas von denen hörten, deren großer Wunsch es war, unser Blut zu vergießen.

Dann war die erste Andeutung einer Bewegung für mich der Knall von Kentons Gewehr.

"Hast du irgendetwas gesehen?" fragte ich zitternd.

„Nein, aber sie kommen mit Reisig hierher und haben die Idee, die Hütte in Brand zu setzen.“

Auch wenn die Gefahr, die uns drohte, groß war, konnte ich meine Neugier nicht unterdrücken. Es schien fast, als hätte er mir eine dumme Antwort gegeben, denn wie konnte ein Mann wissen, dass die Wilden sich auf einen solchen Versuch vorbereiteten, wenn es so dunkel war, dass man drei Schritte von der Hütte in keine Richtung sehen konnte? und ich fragte, warum er ihre Bewegungen so positiv beurteilte.

„Ich habe gehört, wie sie mit ihren Messern die trockenen Äste abrissen, und kurz bevor ich feuerte, wusste ich an dem Lärm im Dickicht, dass sie das Reisig hierher schleppten."

Ich war fast verblüfft über die Kenntnisse dieses Mannes im Holzhandwerk; aber ich verzichtete auf einen Kommentar und begnügte mich damit, in einem zufriedenen Tonfall zu sagen:

„Sie werden beim Anzünden dieser grünen Holzscheite keine großen Fortschritte machen. Es ist erst zwei Tage her, seit der Regen in solchen Strömen niedergegangen ist, dass die Außenseite der Hütte mit Wasser durchnässt sein muss."

„Vielleicht gelingt es ihnen, den Raum mit Rauch zu füllen, aber das nützt wenig. Die Flammen werden uns eine Gelegenheit bieten, die wir nicht vernachlässigen dürfen."

Es ist möglich, dass die Wilden dies alles verstanden haben, bevor sie den Plan ausgeführt haben, von dem Kenton glaubte, dass er geschmiedet worden war, denn nachdem er sein Gewehr abgefeuert hatte, hörten wir nichts mehr von ihnen, und schließlich, als es schien, als wären es mindestens achtundvierzig Stunden vergingen, das graue Licht schlich sich durch das Dickicht und vertrieb langsam die Dunkelheit, bis wir durch die Schießscharten auf beiden Seiten freie Sicht hatten.

Zwanzig Schritte von der Vorderseite des Hauses entfernt lag ein Haufen trockenes Gestrüpp, ein Beweis dafür, dass Simon Kentons Ohren ihn nicht getäuscht hatten.

Es gab keine Anzeichen unseres Feindes. Soweit seine Augen ihm Aufschluss geben konnten, waren wir allein im Dickicht und hatten niemanden, den wir belästigen oder in Angst und Schrecken versetzen konnten.

Kenton machte sich daran, im Kamin ein Feuer anzuzünden, und diese Tat weckte meine Mutter aus ihren traurigen Erinnerungen und weckte die Erkenntnis der Gegenwart.

All ihre hausfraulichen Instinkte ergriffen erneut Besitz von ihr und sie machte sich daran, das Frühstück zuzubereiten – vielleicht die letzte Mahlzeit, die wir jemals zu uns nehmen würden.

„Glaubst du, dass die Wilden damit rechnen, uns auszuhungern?" Ich fragte eher, um ein Gespräch zu beginnen, als um Informationen zu erhalten.

„Es kann sein, dass noch nicht die ganze Truppe eingetroffen ist und diejenigen, die den ersten Angriff gemacht haben, darauf warten, dass weitere auftauchen. Wenn die gesamte Truppe hier ist, dann ist es sicher, dass sie damit rechnen, uns auszuhungern, wenn auch bisher." Wie die Bösewichte wissen, kann sich das als eine lange Aufgabe erweisen. Wenn du und ich allein wären, würde ich lieber versuchen, ihnen nach Mitternacht zu entkommen; aber es wäre töricht, so etwas zu versuchen, während deine Mutter beschützt werden muss ."

„Du wirst sie nicht feige finden", sagte ich stolz, worauf er lachend antwortete:

„Dafür haben wir bereits gute Beweise; aber es wäre zu gefährlich, wenn wir versuchen würden, uns herauszukämpfen, während sie bei uns war. Nach einer Zeit –"

Er wurde von Gewehrschüssen in der Ferne unterbrochen. Zuerst einer, dann ein paar, und nach einer Pause von vier oder fünf Sekunden ertönte etwas, das wie ein normaler Volleyschuss klang.

Dann kamen vereinzelte Schüsse, aus denen ich erschloss, dass es demjenigen, der in einen tödlichen Kampf verwickelt war, gelungen war, sich einen Unterschlupf zu verschaffen, und dass er erst feuerte, als sich die Möglichkeit bot, ein Ziel zu treffen.

„Kann es sein, dass einige von Major Clarkes Streitkräften auf uns zugekommen sind?" Ich fragte, als eine große Hoffnung in mein Herz kam; aber Simon Kenton hat es schnell zunichte gemacht.

„Die Männer des Majors sollen den Fluss hinuntersegeln und würden diese Seite von Corn Island nicht anhalten, es sei denn, es wäre eine dringende Notwendigkeit."

„Auf wen haben die Wilden dann geschossen?"

„Irgendein weißer Mann muss sich wie ich auf diesen Weg gewagt haben und mitten ins Getümmel geraten sein."

„Aber während wir hier gelebt haben, sind Sie der Erste, der zufällig auf diese Lichtung gekommen ist", antwortete ich und war immer noch fest davon überzeugt, dass einige der Streitkräfte des Majors von der Straße abgekommen sein mussten und daher nahe genug dran waren Helfen Sie uns in unserer schwierigen Zeit.

„Es ist ein Fallensteller oder Siedler", sagte Kenton entschieden und mit der Miene eines Menschen, der sich keine Schuld eingestehen will. „Ich frage mich, ob ich nicht verpflichtet bin, mitzuhelfen."

„Sicherlich würden Sie nie daran denken, die Hütte bei Tageslicht zu verlassen, wenn Sie auf jeden Fall wissen, dass die Wilden sie beobachten?" sagte meine Mutter alarmiert und Kenton wandte sich ab, als ob er die Wahrheit ihrer Worte erkannte.

Es ist mir nicht möglich, etwas zu Papier zu bringen, das es einem anderen ermöglicht, unsere Gefühle in dieser Zeit zu verstehen, als wir wussten, dass weiße Männer um ihr Leben kämpften und die Hilfe brauchten, die wir nicht geben konnten.

Es grenzte an größte Feigheit, zu einem solchen Zeitpunkt im Schutzraum zu bleiben, und doch wussten wir alle ganz genau, dass derjenige, der sich hinauswagte, bald sterben würde.

Fünf Minuten, nachdem der erste Bericht gehört worden war, herrschte wieder Stille, vielleicht eine halbe Stunde lang, in der jeder von uns, sogar Kenton, zu der Hoffnung gekommen war, dass die Indianer in ihrem Mordversuch vereitelt waren, und mit dieser Hoffnung kam in mir die Hoffnung auf Wir bedauern zutiefst, dass wir nicht in der Lage waren, vor unserer schmerzlichen Not zu warnen.

Ich glaubte weiterhin, dass einige von Major Clarkes Männern in der Nähe gewesen waren, und sagte mir, dass wir allen Gefahren entkommen wären, wenn es möglich gewesen wäre, Alarm zu schlagen.

Als eine halbe Stunde vergangen war, brach das Feuer erneut aus, nicht in Salven, sondern mit einem Schuss in Abständen von zehn oder fünfzehn Sekunden, und dann bildeten wir uns alle ein, dass wir Schmerzens- und Jubelschreie hören konnten.

„Die Wilden haben es geschafft!" Sagte Kenton knapp. „Wer auf diese Weise einen Fehler gemacht hat, hat bereits für den Fehler bezahlt oder wird es tun, bevor die Sonne wieder aufgeht."

Mutter, die mit ihren Gedanken wieder einmal in der Vergangenheit gelandet war, wurde bleich wie der Tod, und ich zitterte wie jemand, der unter Schüttelfrost leidet, denn in diesem Moment schien es, als wäre dies ein Zeichen dafür, wie unser Schicksal aussehen würde.

Das Frühstück, das Mutter vorbereitet hatte, wurde vernachlässigt, bis Simon Kenton einige Zeit später mit offensichtlichem Bemühen um Fröhlichkeit sagte:

„Wir spielen den Narren, hier zu stehen, als würden wir darauf warten, dass die bemalten Schurken ihren Willen tun. Wir haben keinen Grund zur Verzweiflung, weil sie einige Unglückliche gefangen genommen haben; aber wir sollten umso entschlossener sein, sie zu verärgern."

Dann beendete er geschickt die Arbeit, die Mutter begonnen hatte, und bestand darauf, dass wir an der Mahlzeit teilnahmen, denn seiner Überzeugung nach gab es keinen Grund, warum wir jetzt, da die Sonne aufgegangen war, streng auf der Hut sein sollten.

Unter solchen Umständen war es schwierig zu essen, zumindest fand ich es so; Das Essen hätte mich beinahe erstickt, aber ich zwang es aufgrund seines strengen Befehls herunter, und wir taten zumindest den Anschein, als würden wir frühstücken, mit so viel Schwung, wie man sich Menschen im Schatten des Galgens nur vorstellen kann.

Als die vorgetäuschte Mahlzeit zu Ende war, stand Kenton vom Tisch auf und blieb einen Moment lang an der Lücke in der Tür stehen, wobei er einen leisen Ausruf der Überraschung oder Bestürzung ausstieß, während er hinausspähte.

Im Nu war ich an seiner Seite und sah dort etwas, was mir einen kalten Schauer der Angst über den Rücken laufen ließ.

Direkt vor der Hütte, in Richtung Fluss, außerhalb der Reichweite unserer Gewehre, standen ein Mann und ein Junge, jeder mit Händen und Füßen an einen Baumstamm gefesselt.

Es war der Knall ihrer Waffen, den wir hörten, und das Schicksal war ihnen schlecht ergangen, sonst wäre der Tod während des Kampfes eingetreten. Es war verzögert worden, damit es mit der schärfsten Folter einhergehen könnte.

„Sind das Nachbarn von dir?" fragte Kenton.

„Soweit ich weiß, gibt es in der Nähe keine Siedler."

„Dann sind dieser Mann und dieser Junge gekommen, um nach einem Platz zu suchen, an dem sie eine Lichtung machen können, oder sie arbeiten sich von irgendwo unten am Fluss nach Osten vor."

Dies schien mir keine vernünftige Erklärung zu sein, denn wenn die Gefangenen den Fluss hinaufgekommen wären, hätten sie sich nicht so weit weggewagt, wie es der Fall gewesen sein musste, als die Indianer sie entdeckten; aber mein Herz war zu schwer, um irgendein Argument gegen seine Behauptung vorbringen zu können, was in der Tat nur noch von geringer Bedeutung war, jetzt, da sie zu einem grausamen Tod verurteilt waren.

Und dass sie dem Untergang geweiht waren, wussten wir ganz genau. Die Wilden rechneten damit, sie zu foltern, damit wir das schreckliche Schauspiel miterleben konnten, und wir konnten nicht hoffen, dass irgendetwas geschehen würde, um es zu verhindern.

Am Abend zuvor hatte Simon Kenton uns die Geschichte eines Siedlers erzählt, der genauso bedrängt war wie wir damals, und dessen nächster Nachbar in seinem Blickfeld auf dem Scheiterhaufen gefoltert wurde, damit der hilflose Mann sehen konnte, was ihn wann erwartete er konnte sich nicht mehr verteidigen.

Während ich die Geschichte hörte, konnte ich mir nicht vorstellen, wie qualvoll die Lage des belagerten Mannes gewesen sein musste. Jetzt verstand ich es genau und beschloss, nicht noch einmal von dieser Seite des Hauses hinauszuschauen, damit die bemalten Unholde nicht vor Einbruch der Nacht mit ihrer schrecklichen Arbeit beginnen könnten.

Mutter wusste aus unserem Gespräch, was wir anstarrten, und blieb in der Nähe des Kamins stehen und bemühte sich, das Schluchzen der Trauer und des Mitgefühls zu unterdrücken, das ihren Körper erschütterte.

Nachdem Simon Kenton die hilflosen Gefangenen fünf Minuten oder länger angestarrt hatte, als wollte er sich die Umgebung unauslöschlich vor Augen führen, begann er, sich am Ende des Raumes auf und ab zu bewegen, nicht auf der Hut vor dem Feind, sondern offenbar tief in die Tiefe gestürzt Gedanke.

Nach einer Weile sagte er knapp zu mir:

„Halten Sie auf beiden Seiten Ausschau, Junge, denn einige der Schlangen könnten unvorsichtig werden, und Sie werden eine Chance bekommen."

Dann fing er wieder an, auf und ab zu gehen, und nach einer scheinbar sehr langen Zeit äußerst schmerzhaften Schweigens sagte er zu mir, als würde er die banalste Tatsache verkünden:

„Ich zähle darauf, dass ich den armen Kerlen dort unter die Arme greife."

"Behilflich sein!" Ich wiederholte erstaunt. „Haben Sie nicht erklärt, dass es unmöglich sei, dieses Haus zu verlassen, ohne abgeschossen zu werden?"

„Ja, und ich denke, das kommt der Wahrheit ziemlich nahe."

„Wie können Sie ihnen dann helfen?"

„Ich erwarte jetzt nicht, dass ich versuche, irgendetwas zu unternehmen. Es wird wohl noch genug Zeit sein, denn wenn nichts passiert, was die Flüche unterbricht, werden sie die Gefangenen erst am Abend foltern. Wenn die Sonne untergeht, werde ich mich hinausschleichen." ."

„Und dann ist die Zeit gekommen, in der die Indianer genauer aufpassen werden", wagte ich zu sagen.

„Ja, Junge, du hast recht, und doch müssen wir es schaffen, sie zu überlisten. Anstatt die Tür zu öffnen, gehe ich durch das kleine Fenster hinten, das du und deine Mutter besser bewachen können solange der Verschluss geöffnet ist.

„Ich werde mit dir gehen“, sagte ich spontan und erkannte kaum die Bedeutung der Worte.

„Du wirst nichts dergleichen tun. Deine Pflicht ist hier und meine dort.“

- 21 -

—————————————————

KAPITEL III.
DAS UNTERNEHMEN.

Ich konnte nicht glauben, dass Simon Kenton es wagen würde, das Wagnis zu wagen, von dem er gesprochen hatte, denn tatsächlich schien es nicht weniger als die Selbsttötung.

Wir wussten auf jeden Fall, dass die Indianer, die sich im Dickicht um uns herum versteckten, scharf auf die Hütte aufpassten und auf eine Bewegung dieser Art lauerten, und es bestand nicht die geringste Chance, dass einer von uns es schaffen würde seinen Kopf aus einem Fenster oder einer Tür zeigen, ohne abgeschossen zu werden.

Wenn das so ist, und daran schien es keinen Zweifel zu geben, wie könnte man sich so weit wagen, dass die armen Gefangenen an die Bäume gefesselt wurden und mit ziemlicher Sicherheit all den schrecklichen Folterungen entgegensahen, die diese Bestien ersinnen konnten?

Als ich über die Angelegenheit nachdachte, nachdem Simon Kenton seine Absicht erklärt hatte, sagte ich mir, dass er aus tiefstem Herzen gesprochen hatte und nicht in dem Glauben, dass er seinen Vorschlag in die Tat umsetzen könnte. Ich argumentierte im Geiste, dass sein Wunsch, den unglücklichen Kreaturen zu helfen, ihn glauben ließ, dass das Unmögliche erreicht werden könnte; aber sobald er Zeit gehabt hätte, die Angelegenheit gründlich zu erwägen, würde ihm klar werden, dass er nichts weiter bewirken konnte als seinen eigenen Tod.

Nachdem er gesagt hatte, was er tun würde, ging Kenton auf und ab, behielt das Dickicht im Auge und sagte nichts.

Einmal hätte ich über die Zeit gesprochen, zu der Major Clarkes Gruppe auf Corn Island erwartet werden könnte; aber er winkte mich weg, als hätte er keine Lust auf ein Gespräch.

Ich hatte mir vorgenommen, nicht in die Richtung hinauszuschauen, in der die unglücklichen Gefangenen zu sehen waren; aber es war, als ob ihre Hilflosigkeit mich so sehr faszinierte, dass ich meine Augen nicht von ihnen abwenden konnte.

Ich schaute in kurzen Abständen hin, aber nicht länger als ein paar Sekunden am Stück, und bemerkte keine Veränderung, außer einmal, als es mir so vorkam, als würde der Mann ernst mit dem Jungen sprechen.

Ich konnte mir leicht vorstellen, dass der Älteste versuchte, den Jungen für diese schreckliche Zeit der Prüfung zu ermutigen, und die Tränen liefen mir über die Augen, als ich vor Entsetzen ohnmächtig wurde, während ich darüber nachdachte, was der Abend bringen würde.

Es gibt keinen guten Grund, warum ich versuchen sollte, die Einzelheiten unserer Bewegungen oder Gespräche an diesem schrecklich langen Tag wiederzugeben. Wir sprachen nur wenig miteinander, erstens, weil Simon Kenton in seinen eigenen Gedanken oder Plänen versunken war, und zweitens, weil der Kummer meiner Mutter durch den Anblick der Gefangenen so sehr geweckt worden war, dass ihr Schluchzen dem Reden ein Ende machte.

Zweimal erhaschte Kenton einen flüchtigen Blick auf ein Federbüschel im Unterholz, und beide Male feuerte er sein Gewehr ab; Einmal stieß er einen schrillen Schmerzensschrei aus und verfehlte wieder offensichtlich sein Ziel, was unter diesen Umständen keineswegs überraschend war.

Am späten Nachmittag kochte Mutter noch eine Mahlzeit, und wir aßen wie aus Pflichtgefühl. Es war nur eine Gerechtigkeit für unseren Körper, dies zu tun, da niemand sagen konnte, wann wir eine weitere Gelegenheit dazu bekommen würden.

Dann begannen die Schatten des Abends länger zu werden, und ich warf von Zeit zu Zeit einen Blick auf Simon Kenton, um zu erfahren, wie er zurückweichen könnte, nachdem er so positiv angekündigt hatte, dass er sich bemühen sollte, den Gefangenen zu helfen.

Aber er dachte nicht daran, sich zurückzuziehen, was ich hätte wissen müssen, wenn ich ihn länger gekannt hätte.

In der zweiten Hälfte des Nachmittags untersuchte er in regelmäßigen Abständen das Dickicht hinter dem Haus. Er öffnete den Verschluss zwei- oder dreimal teilweise, um sicherzustellen, dass er geräuschlos nach außen geschwenkt werden konnte, und zog schließlich sein Jagdhemd aus, damit das Kleidungsstück seine Bewegungen nicht behinderte.

„Rechnen Sie tatsächlich mit dem Versuch?" Ich fragte, wann er sich so fit gemacht habe, um sich durch das Dickicht zu winden.

„Das habe ich bereits gesagt", antwortete er ruhig.

„Die Gefahr ist zu groß! Du darfst nicht dein Leben riskieren, wenn alle Chancen gegen dich stehen!" Ich weinte heftig.

„Es wird einfacher sein zu gehen, als hier zu bleiben und dieser teuflischen Orgie zuzuhören, die beginnen wird, bevor viele Stunden vergangen sind!"

„Sie können nur hoffen, das Schicksal des armen Kerls zu teilen!" Rief ich ungeduldig.

„Es besteht die Chance, dass ich es schaffe, und das Spiel ist die Mühe wert. Ich erzähle Ihnen die Geschichte vielleicht nicht, aber es gibt gute Gründe, warum ich, vor allen anderen, mein Leben riskieren sollte, um andere zu retten."; oder, um es mit anderen Worten auszudrücken, warum ich bei dem Versuch, diesen armen Kerlen zu helfen, sterben sollte, anstatt untätig zu bleiben."

Er sprach in einem so feierlichen Ton, dass ich nicht weiter dagegen hätte argumentieren können, dass er ging, so sehr es mich auch schmerzte, und ich starrte ihn schweigend an und fragte mich, was diese seltsamen Worte wohl bedeuten mochten.

Da es nun sicher aussah, dass er sich auf den Weg machen würde, und ebenso sicher, dass er getötet werden würde, begann ich zu begreifen, wie unser Zustand aussehen würde, nachdem er meine Mutter und mich allein gelassen hatte, um die Kabine gegen die bemalte Besatzung zu verteidigen, die nach unserem Blut dürstete.

Es war unwahrscheinlich, dass die arme Frau und ich viele Stunden nach dem Weggang des tapferen Kerls durchhalten konnten, egal wie groß unser Mut oder unsere Ausdauer war. Die Indianer würden uns schnell überwältigen, und ich wusste genau, wie das Ende aussehen würde, wenn ich nicht das Glück hätte, im Kampf zu sterben.

Deshalb war es so, als ob ich bei einem Versuch, mir das Leben zu nehmen, mithelfe, als ich dem Befehl von Simon Kenton folgte.

„Du sollst am Fenster stehen, während ich herausspringe", sagte er, als der Abend fast gekommen war, „und beim ersten Aufblitzen eines Rothäuter-Gewehrs wahllos schießen, wenn du kein Ziel siehst. Der Rauch wird dazu dienen, mich teilweise zu verbergen." Bewegungen. Deine Mutter soll ihren Platz an der Haustür einnehmen, bis sie dich schießen hört, und dann wird sie so schnell wie möglich über meinen Kopf hinweg schießen. Ich gehe davon aus, dass du die Wilden zurückhalten kannst, bis ich es getan habe Sie haben im Dickicht Unterschlupf gefunden. Danach ist der Fensterladen schnell zu verriegeln, und Sie werden beide an der Vordertür Wache halten, es sei denn, von hinten droht Gefahr. Wenn Sie von irgendwoher dreimal den Schrei einer Eule hören Quartal, Sie können sicher sein, dass es mir gelungen ist, und es besteht kein Grund zu sagen, dass Sie auf mein Kommen vorbereitet sein müssen. Es ist möglich, dass ich hier wieder reinkomme. Wenn mir das nicht gelingt, und Bleiben Sie dennoch frei, Sie können sicher sein, dass bald Hilfe eintrifft, um die Belagerung aufzuheben.

Während er sprach, hatte er das Zimmer durchquert und stand nun neben dem Fenster, durch das er gehen wollte.

Ich trat vor, um seine Hand zu drücken, denn ich wusste ganz genau, dass er nicht länger warten würde, wenn alles für das gefährliche Unterfangen bereit war.

Es war, als würde er mich nicht sehen – vielleicht passte es nicht zu seiner Stimmung, sich zu verabschieden. Jedenfalls hielt er sein Gesicht von mir fern, auch als der Fensterladen geöffnet wurde, und flüsterte dann, ohne den Kopf zu wenden:

„Seien Sie bereit! Denken Sie daran, was ich gesagt habe!"

Dann öffnete er mit einer schnellen Bewegung den Fensterladen und war hindurchgesprungen, fast bevor mir klar wurde, was er vorhatte. Sein schneller Sprung verwirrte mich, und ich stand mit erhobenem Gewehr da und starrte hinaus, ohne zu begreifen, dass es notwendig war, die Öffnung zu schließen.

Es war Mutter, die sanft den Fensterladen zuschob und die Gitter wieder einbaute, und ich stand wie ein Idiot da, bis das Haus erneut verbarrikadiert wurde, als ich dumm sagte:

„Die Wilden haben ihn nicht gesehen!"

„Es ist Gottes Gnade, Louis", antwortete meine Mutter andächtig. „Möglicherweise darf er die armen Geschöpfe retten, die schon hunderte Tote erlitten haben müssen!"

„Es kann nicht sein, dass er Erfolg hat, solange so viele scharfe Augen in der Nähe sind. Es ist nur vernünftig anzunehmen, dass sich die gesamte Besatzung in der Nähe der Gefangenen befindet. Wie kann also ein einzelner Mann gegen sie siegen?"

„Wenn es der Wille des Herrn ist, braucht es kein Abwägen zu geben", und nachdem Mutter dies gesagt hatte, kniete sie sich neben den Tisch, während ich, nachdem ich mich einigermaßen von meiner Angst und Verwirrung erholt hatte, zu der Lücke in der Tür ging Ich könnte die Gefangenen im Auge behalten, soweit es die Dunkelheit erlaubte.

Es war noch nicht Nacht, obwohl die Dunkelheit des Waldes so dicht war, dass man weit entfernte Objekte nicht erkennen konnte.

Simon Kenton hatte sich damals auf den Weg gemacht, als das Grau der Dämmerung alles verzerrte und selbst die vertrautesten Merkmale der Landschaft seltsam erscheinen ließ, und dabei hatte er viel Weisheit bewiesen.

Eine Stunde später hätten sich die Indianer der Hütte genähert, weil sie vermuteten, dass wir im Schutz der Dunkelheit einen Fluchtversuch unternehmen könnten, und eine Stunde zuvor machte das Tageslicht jede Hoffnung zunichte, ungesehen herauszukommen.

Er berechnete die Zeit genau und bewegte sich so schnell, wie nur wenige sich bewegen konnten. Er hatte die Hütte verlassen, ohne den vorsichtigen Feind zu beunruhigen, und sein Erfolg war bisher so groß, dass er mich in Erstaunen versetzte.

Ich konnte die Gestalt der unglücklichen Gefangenen noch kaum erkennen, und wie böse Wesen bewegten sich in ihrer Nähe hin und her schattenhafte Gestalten, von denen ich wusste, dass sie Indianer waren.

Selbstverständlich war es mir unmöglich, die Gesichter dieser beiden zu sehen, denen ein höchst grausamer Tod bevorstand; aber ich konnte mir den Ausdruck der Verzweiflung auf ihren Gesichtern gut vorstellen.

Sie konnten nicht umhin zu verstehen, dass es mehr als vergeblich war, auf Hilfe in der Stunde ihrer Not zu hoffen, und doch bezweifle ich nicht, dass sie versuchten, sich selbst Mut zu machen, indem sie sagten, es sei möglich, dass eine Gruppe weißer Männer diesen Weg vor der Katastrophe passieren könnte Es sollte eine schreckliche Orgie beginnen.

Während ich durch das Schießloch blickte und meine Mutter auf den Knien blieb und inbrünstig betete, sagte ich mir immer wieder, dass Simon Kenton im Alleingang nichts gegen diese Meute mordender Rohlinge ausrichten konnte. Tatsächlich waren meine Chancen, ihn jemals wiederzusehen, unwahrscheinlich, da er jetzt außerhalb des Hauses war. Es lag kaum im Rahmen der Wahrscheinlichkeit, dass er sein eigenes Leben retten könnte, wenn er auch nur den geringsten Versuch unternahm, die Gefangenen zu retten.

Die Schatten der Nacht sammelten sich schnell, und doch schien es, als ob jede Sekunde eine ganze Minute lang wäre. Ich befand mich in dieser quälenden Stimmung, in der man gleichzeitig von Hoffnung erfüllt und gleichzeitig von Verzweiflung begraben wird.

Obwohl meine Ohren angestrengt waren, das leiseste Geräusch wahrzunehmen, hörte ich nichts außer dem Rascheln der Blätter, die vom sanften Nachtwind bewegt wurden. Wenn Simon Kenton versuchte, sich den Gefangenen zu nähern, musste er einen Umweg durch das Dickicht gemacht haben, um den Wilden auszuweichen, die zweifellos die Hütte genau bewachten, damit wir Unglücklichen ihnen nicht entgehen könnten.

Nach einer Weile, und es war mir unmöglich zu entscheiden, ob ich eine oder zwei Stunden Wache gehalten hatte, war in der Richtung, in der ich wusste, dass die Gefangenen stationiert waren, ein winziger Lichtschein zu sehen, und als er größer wurde, verstand ich dass die Bestien sich auf ihren schrecklichen Sport vorbereiteten.

Die Flamme wurde heller und heller, bis ich die Umrisse der Hilflosen unterscheiden konnte, wobei dunkle Gestalten zwischen meinem Blickfeld und dem Feuer hin und her huschten, und ich schloss mich im Geiste meiner Mutter in ihrem Gebet um die Erleichterung derer an, von denen ich glaubte, dass sie über allem standen irdische Hilfe.

Wie ich wusste, hatten die Wilden das schon oft getan, und so waren sie jetzt dabei, uns zu foltern, während sie ihren Gefangenen den Tod zufügten.

Uns sollte gezeigt werden, was bald unser eigenes Schicksal sein würde.

Während ich dort stand und hilflos den schrecklichen Vorbereitungen zusah, erfasste mich eine gewisse Raserei der Wut, und ich schenkte nichts mehr Beachtung als dem Wunsch, einige dieser teuflischen Besatzungsmitglieder zu töten, bevor sie mit der Folterarbeit begannen.

„Ich kann nicht länger hier bleiben, Mutter!“ rief ich plötzlich aus. „Wenn Simon Kenton sein Leben riskiert, um denen zu helfen, die ihm fremd sind, warum sollte ich dann nicht so mutig sein? Alleine kann er nicht auf eine Rettung hoffen und wird mit Sicherheit umkommen. Mit einem anderen, der ihm hilft, scheint das, was jetzt unmöglich erscheint.“ kann umgangen werden.

Wenn ich jetzt an die Szene denke, ist es ein Wunder, dass meine liebe Mutter mich nicht daran erinnert hat, was ihr Schicksal wäre, wenn sowohl Kenton als auch ich gefangen genommen würden; aber die tapfere Frau achtete weder auf sich selbst noch auf ihre Liebe zu mir.

Während sie immer noch auf den Knien blieb, blickte sie auf und sagte leise:

„Wenn du es für deine Pflicht hältst, mein Sohn, geh, und möge der gute Gott gewähren, dass du lebend zu mir zurückkommst!“

Das waren nicht gerade die Worte, die einem Jungen am besten Mut machen konnten, und mir wurde klar, dass ich feige werden würde, wenn ich ihr viele Sekunden lang zuhörte. Selbst als ich an ihrer Seite stand, ließ meine Entschlossenheit nach; in fünf Minuten könnte mich noch mehr Schüchternheit überkommen.

„Ich werde die Hütte verlassen, wie er es getan hat, Mutter, und du sollst an der Tür stehen und bereit sein, uns Einlass zu gewähren, wenn es so ist, kommen wir zurück.“

Mutter stand schnell auf; küsste mich inbrünstig und begann dann ohne Verzögerung, als sei ihm klar, dass es nicht gut sei, den Abschied hinauszuzögern, den Fensterladen zu öffnen.

Im Handumdrehen hatte ich Pulverhorn und Beutel angelegt; Mein Gewehr sah gut aus und ich war bereit, Simon Kenton bei seinem verzweifelten Unterfangen zu folgen.

Der Verschluss war offen. Da ich es nicht wagte, zurückzublicken, sprang ich hinaus und glaubte dabei, dass der Knall eines Gewehrs mein Todesstoß sein würde; aber es kam kein Ton.

Die Wilden, die glaubten, wir wären sicher eingesperrt, hatten sich um die Gefangenen versammelt, um mit der schrecklichen Arbeit zu beginnen, und ich hatte die Freiheit, meinem eigenen Untergang entgegenzustürmen.

Obwohl ich glaubte, dass es mir kaum gelingen würde, mein eigenes Leben zu retten, war ich nicht nachlässig.

Heimlich weitergehen; Ich blieb bei jedem Meter Abstand stehen, um zu erfahren, ob einer der Feinde in der Nähe sein könnte, und drängte im Kreis vorwärts, in der Hoffnung, an einem Punkt in der Mitte zwischen der Hütte und der Weggabelung, die dorthin führte, in Sichtweite der Gefangenen zu gelangen das Flussufer.

Jeden Augenblick erwartete ich, auf Simon Kenton zu stoßen, und je mehr Augenblicke vergingen, desto mehr wurde mir klar, dass er sich auf mich stürzen würde, wenn er mich von hinten kommen hörte, weil er glaubte, einer der Wilden würde sich an ihn heranschleichen, und diese Erkenntnis brachte mich dazu zu hoffen, dass es möglich wäre, ihm auszuweichen.

Es war eine seltsame Situation, da man sich vor Freund und Feind gleichermaßen fürchtete und bis zu einem gewissen Grad hätte vermieden werden können, wenn ich den jungen Kundschafter nur begleitet hätte.

Nichts hinderte mich jedoch daran, voranzukommen, bis ich an dem Punkt angekommen war, den ich angestrebt hatte, und die Vorbereitungen für die Folter vor mir sah.

Zwei Feuer waren zehn bis zwölf Meter von den Gefangenen entfernt angezündet worden, offensichtlich zum Zwecke der Beleuchtung, und zu Füßen der Unglücklichen war eine Menge trockenes Holz aufgehäuft, das beim ersten Teil des Schrecklichen in Flammen aufgehen sollte Die Arbeiten waren abgeschlossen.

Jetzt bereiteten sich die Wilden auf den Tanz um ihre Opfer vor, und ich sah vierzehn der bemalten Bestien, abscheulich in Federn, Perlen und grellen Farben.

Es wäre unmöglich zu beschreiben, was unmittelbar folgte, nachdem ich die Szene gesehen hatte. Die Unholde rückten abwechselnd auf die Gefangenen zu und zogen sich zurück, wobei sie sich mit einem gewissen gemessenen Schritt bewegten und den beiden Hilflosen Waffen ins Gesicht hielten.

Der Junge schien vor Schrecken buchstäblich erstarrt zu sein; Doch der Mann stand seinen grausamen Feinden gegenüber, als wollte er sich ihnen widersetzen, indem er einen Schmerzensschrei aus seinen zusammengepressten Lippen brachte.

Es vergingen vielleicht fünf Minuten, während ich auf halbem Gewehrschussabstand regungslos im Dickicht verharrte, und dann näherte sich einer der mörderischen Rohlinge dem Jungen mit dem Messer in der Hand.

Ich wusste, dass der arme Junge auf irgendeine Weise verstümmelt werden würde. Derselbe gleißende Wutanfall, der mich in der Kabine überfallen hatte, überwältigte jedes Gefühl der Gefahr.

Ich achtete nicht auf meine eigene Gefahr; Da ich nur daran dachte, den verängstigten Jungen vor den unmittelbaren Schmerzen zu bewahren, schoss ich aus nächster Nähe auf das Tier, das das erste Blut geleckt hätte, und als er wie vom Blitz getroffen zu Boden fiel, ertönte ein Triumphschrei von meinen Lippen.

Was folgte, kann ich aus eigenem Wissen nicht beschreiben, denn ich war wie jemand im Fieber der Wut und Verzweiflung.

Ich machte mich daran, mein Gewehr wieder aufzuladen, ohne auf den Ansturm zu achten, der dem Schuss hätte folgen sollen, und undeutlich, als ob es etwas wäre, das mich nicht beunruhigte, hörte ich den Knall eines anderen Gewehrs; ein weiterer Schrei, der nur das Echo meines eigenen zu sein schien.

Bevor mein fieberhaftes Gehirn dies alles als Tatsache begriffen hatte, war ich bereit, wieder zu schießen, und ich hatte noch nie so überlegt gezielt. Ich war mir sicher, dass meine zweite Kugel ihr Ziel finden würde, und als sie sich auf den Weg machte, musste ich das gefiederte Tier in Reichweite nicht ansehen, um zu wissen, dass er tot oder kampfunfähig war.

Das Tier fiel wie vom Blitz getroffen, und ein Triumphschrei erklang von meinen Lippen. – Seite 62. *An der Grenze zu Kentucky.*

Wieder kam etwas, das wie das Echo meiner eigenen Waffe klang, und ich sah vier der Schurken am Boden liegen, während die anderen sich auf den Weg zum nächsten Unterschlupf machten, jeder auf der Suche nach einem Baumstamm, der seinen wertlosen Körper schützen würde.

Jetzt wurde mir klar, dass ich fast gegenüber der Stelle angekommen war, an der Simon Kenton stationiert war, und dass er es war, der sofort geschossen hatte, nachdem mein Gewehr gesprochen hatte.

Da sie von beiden Seiten angegriffen wurden, mussten die Wilden geglaubt haben, von einer großen Streitmacht bedrängt zu werden, und ihr einziger Wunsch bestand darin, sich vor dem tödlichen Feuer zu schützen.

Während ich mein Gewehr lud, blickte ich einen Moment lang auf den Jungen. Seine Augen waren weit geöffnet; Seine Lippen öffneten sich, als wollte er aufschreien, und auf seinem Gesicht war ein Ausdruck gemischter Hoffnung und Zweifel zu erkennen, der in seiner Intensität schmerzhaft war.

Wieder sah ich ein Ziel. Zwanzig Schritte entfernt sprang einer der Bestien von Baum zu Baum, als wolle er den Fluss erreichen, und ich hielt ihn sofort an.

Zehn Sekunden später ertönte der Knall eines Gewehrs von der anderen Seite des Weges, und ich wusste, dass Simon Kenton keine Kugel verschwendet hatte.

Nicht weniger als sechs der gefiederten Bestien waren aus dem Kampf ausgeschieden, und es fiel mir nur schwer, einen Triumphschrei zu unterdrücken, denn ich wusste ganz genau, dass die Bösewichte einem unsichtbaren Feind, dessen Ziel so tödlich war, nicht lange standhalten würden.

Noch zweimal feuerte ich, und einmal knallte Kentons Gewehr. Dann glaubte ich, dass die Bestien auf der Flucht Zuflucht gesucht hatten, denn während ich meine Waffe nachlud, kamen zwei in meinem Blickfeld vorbei.

„Kenton!" Ich schrie, während ich das Gewehr an meiner Schulter hielt, damit ich nicht durch lautere Stimme den Feind auf mich brächte, und bevor man zwanzig zählen konnte, war der junge Späher an meiner Seite.

„Bist du es tatsächlich, Junge?" fragte er, als wäre er von Erstaunen überwältigt.

„Und warum nicht? Ich konnte mich an der Rettung beteiligen?"

„ *Ein Teil* , Junge? Du hast es möglich gemacht, als ich glaubte, dass nichts getan werden könnte. Ohne deinen Angriff würden die armen Kerle dort auch jetzt noch in Todesangst leiden, weil ich nicht hätte schießen können, ohne die ganze Bande auf mich zu bringen. Ein Schuss." von beiden Seiten veranlasste sie zu der Annahme, dass wir über eine große Streitmacht verfügten.

„Lasst uns diese Gefangenen befreien", schrie ich und wartete darauf, nichts mehr zu hören, und begierig darauf, sie von ihrem Elend zu erlösen.

„Warte", flüsterte er und packte mich am Arm. „Die Schlangen könnten es sich in den Kopf setzen, umzukehren, und es wäre gut, wenn ich sie ein wenig beschleunige. Bleiben Sie hier und kommen Sie nicht aus der Deckung, bis ich zurück bin."

Er verschwand blitzschnell und ohne weitere Geräusche, während ich auf der Hut vor einem Angriff blieb; aber er brannte darauf, den armen Jungen zu befreien, der hier und da mit seinen Augen suchte, um zu erfahren, ob diejenigen, die ihn vor dem Schmerz gerettet hatten, noch in der Nähe waren.

Dann sprach der Mann hoffnungsvolle Worte zu dem Jungen, wie ich dem Ausdruck auf ihren beiden Gesichtern entnehmen konnte, und ich wartete mit dem Finger am Abzug des Gewehrs, damit die Wilden nicht einen verzweifelten Versuch unternehmen würden, ihr grausames Werk zu vollbringen.

Wenn jetzt einer der Indianer in der Nähe wäre, würde sicherlich ein Versuch unternommen werden, die Gefangenen zu töten, und nachdem ich vielleicht fünf Minuten gewartet hatte, trat ich mutig in die Lichtstrahlen hinaus.

In der Nähe befanden sich vier Gewehre, die an einem Baum abgelegt worden waren, während ihre Besitzer am Totentanz teilnahmen, und ich wusste, dass wir die Gefangenen, gut bewaffnet, zu unserer Truppe hinzufügen würden.

Der Junge stieß einen leisen Schrei höchster Freude aus, als er mich sah; aber der Mann sagte leise, als wäre es ganz natürlich, dass ich da sein sollte:

„Du bist rechtzeitig gekommen. Wie viele sind bei dir?"

„Nur noch einer, Sir, und er verfolgt die Wilden", antwortete ich und schwang mein Jagdmesser, um die Fesseln zu durchtrennen, die beide Gefangenen hilflos hielten.

Ich hatte den armen Kerlen lediglich die Freiheit gegeben, und während sie dastanden und sich die Handgelenke aufrieben, um die Blutzirkulation wiederherzustellen, kam Simon Kenton schnell herbei.

„Es ist gut, dass wir zur Hütte zurückkehren. Die Schlangen haben direkt unter dem Flussufer Halt gemacht, und es kann sein, dass sie umkehren, um herauszufinden, wie viele wir auftreiben können. Komm schon!"

Wir hielten nur lange genug an, um die Gewehre zu sichern, die in der Nähe waren, und rannten dann zu der Hütte, deren Tür meine Mutter offen hielt; und als wir drinnen waren, drückte mich die liebe Seele an ihre Brust, als ob ich von den Toten auferstanden wäre, was tatsächlich fast der Fall war.

KAPITEL IV.
PAUL SAMPSON.

Als wir wieder in der Hütte waren, die Tür und die Fenster verriegelt waren und der Mann und der Junge, die wir gerettet hatten, hungrig aus dem Lebensmittelvorrat aßen, den meine Mutter ihnen hingestellt hatte, kam mir der Gedanke, dass ich guten Grund dazu hatte sei stolz auf die Rolle, die ich in letzter Zeit gespielt habe.

Simon Kenton und ich hatten eine Gruppe von vierzehn Wilden getötet oder vertrieben, und mein Anteil an der Arbeit war sicherlich nicht gering gewesen. Mir kam es damals wie heute so vor, als hätte ich meinen vollen Anteil am Geschäft geleistet. Es ist wahr, wenn wir die Bestien nicht überrascht hätten und auf eine Weise über sie herfielen, von der sie nicht ahnen konnten, dass wir ihnen zahlenmäßig drei oder vier zu eins überlegen waren, hätte die Sache vielleicht anders ausgehen können ; aber es war uns eine große Ehre, dass wir diese Unglücklichen überraschen konnten, die selten einen Angriff unternahmen, wenn er nicht auf die gleiche Art und Weise begonnen werden konnte.

Ich wiederhole, ich war stolz auf unsere Arbeit, insbesondere als ich unsere Gäste ansah und mir klar wurde, dass sie ohne Simon Kenton und mich in diesem Moment alle Qualen erleiden würden, die die bemalten Wölfe ihnen zufügen konnten, und ich warf einen Blick auf die Jungen Scout, der dachte, in seinem Gesicht ähnliche Gedanken wie ich zu lesen.

Darin habe ich mich geirrt. Obwohl es beinahe eine Tatsache war, dass die Indianer in die Flucht geschlagen worden waren, stand er an der Türöffnung und hielt aufmerksam Ausschau, und soweit sein Gesichtsausdruck es erkennen ließ, hätten wir es sein können weiße Männer, die in der Begegnung am schlimmsten waren.

Ich konnte in seiner Haltung nichts erkennen, was darauf hindeutete, dass er erst kürzlich den Tod in seiner schrecklichsten Form ins Auge gefasst hatte, um den Versuch zu unternehmen, das Leben von Fremden zu retten, und von diesem Moment an blickte ich zu dem jungen Mann auf, als wäre er selbst derselbe war von allen, die ich bisher gesehen hatte, einer überlegenen Rasse angehört.

Es ist nicht anzunehmen, dass ich untätig den Gedanken nachgedacht habe, die hier in Worte gefasst werden, während, soweit wir wussten, die Bestien möglicherweise in größerer Stärke als zuvor zusammenkamen.

Ich war nicht so völlig der Eitelkeit hingegeben, wie alles vermuten lässt; aber ich bewegte mich hin und her und kümmerte mich um unsere Verteidigung auf die Art und Weise, die mir angemessen schien, während meine Gedanken die ganze Zeit über beschäftigt waren und die prahlerischen Gedanken vergingen, als ich Kenton beobachtete.

Als der junge Pfadfinder mir dann geraten hatte, am anderen Ende der Hütte zu bleiben und durch die Lücke im Fensterladen Wache zu halten, richtete ich meine Aufmerksamkeit auf diejenigen, die wir vom Scheiterhaufen gerettet hatten.

Sie waren Vater und Sohn, wie ich aus dem Gespräch erfuhr, das der Älteste mit meiner Mutter führte, die sich am Tisch um ihre Bedürfnisse kümmerte. Horace Sampson war der Name des Mannes, und er nannte den Jungen Paul.

Die beiden waren aus Maryland gekommen, um ein Gehöft zu finden, und das einzige Wunder für mich war, dass die Wilden sie nicht gefangen genommen hatten, bevor sie so weit in die Wildnis vorgedrungen waren; denn keiner von ihnen wusste so viel über Holzhandwerk wie ich an meinem zehnten Geburtstag.

Sie hatten geglaubt, dass es ihnen möglich wäre, die Indianer durch bloße Zurschaustellung ihrer Waffen zu erschrecken, und konnten von denen, die an der Grenze gewesen waren, nicht davon überzeugt werden, dass es kaum weniger als Selbstmord wäre, sich in diesen Teil des Landes zu wagen allein.

Drei Wochen lang waren sie hin und her gereist, um nach einem geeigneten Ort zu suchen, und erst am Tag zuvor hatten sich die Wilden gezeigt.

Dann geschah im Handumdrehen das, was man hätte erwarten können, und bevor weder der Vater noch der Sohn eine Ahnung davon hatten, dass eine Gefahr drohte, wurden sie entwaffnet und in Sichtweite unserer Hütte gefesselt, wie ich bereits erzählt habe.

Selbst nachdem Herr Sampson einem schrecklichen Tod so nahe gewesen war, glaubte er, es sei möglich, seinen Weg in Sicherheit zurückzuverfolgen; Aber meine Mutter protestierte so laut gegen solch ein tollkühnes Unterfangen und malte die Gefahren der Grenze in so lebhaften Farben, dass der unwissende Mann schließlich zu der Überzeugung gelangte, es sei kaum sicher, sich allein inmitten von Feinden zu verlassen, deren Methoden der Kriegsführung so vollkommen waren ein Geheimnis für ihn.

Simon Kenton muss dem Gespräch ebenso zugehört haben wie ich, denn als Mutter ihre Warnung beendet hatte, sagte er:

„Der einzig sichere Weg für Sie ist der, der nach Corn Island führt. Dort werden Sie gute Gesellschaft finden, und ich bezweifle nicht, dass Sie in wenigen Tagen auf einige treffen werden, die vorschlagen, auf Ihrem Weg zu reisen."

„Aber wie können wir uns auf dieser Insel, von der Sie sprechen, versorgen?" fragte der Mann hilflos, und die Frage allein reichte aus, um seine Unwissenheit zu beweisen.

„An helfenden Händen wird es nicht mangeln", antwortete Simon Kenton lächelnd. „An der Grenze schätzen Männer den Wert von Nahrung und einer Unterkunft nicht so sehr wie diejenigen, die in der Stadt leben."

Dann argumentierte Herr Sampson, als wollte er zeigen, dass er sowohl starrsinnig als auch unwissend sei, dass er nicht bereit sei, Almosen von Fremden anzunehmen; dass es eine Erniedrigung für ihn wäre, etwas zu erhalten, für das er nicht bezahlen konnte.

„Das müssen Sie tun, oder Sie riskieren, den bemalten Schlangen Spaß zu machen, wie Sie es vor Kurzem getan haben", antwortete Kenton knapp, und ich verstand an dem Tonfall, dass er wegen der des Mannes die Geduld verlor Sturheit.

Nachdem er das gesagt hatte, drehte sich der junge Pfadfinder noch einmal um, um an der Schießscharte Wache zu halten, und Paul, der Junge, kam nach dem Ende seiner Mahlzeit schüchtern auf die Stelle zu, an der ich stationiert war.

Er schien ein Junge nach meinem Herzen zu sein, der sich in Manieren und Sprache völlig von seinem Vater unterschied, und ich beschloss sofort, dass wir feste Freunde bleiben sollten, solange er an der Grenze bleiben konnte.

Ich konnte gut verstehen, dass er vor Verlangen brannte, Fragen zu stellen, und zögerte nicht, ihn zu ermutigen, damit anzufangen.

Er wollte unbedingt wissen, wie lange ich schon in der Wildnis gelebt hatte; Wie oft hatte ich gegen die Wilden gekämpft und so einfache Fragen, die ich alle beantwortete, bis er zu Ende war.

Dann fragte ich nach seinem Zuhause in Maryland; von seiner Reise zum Ohio River und schließlich davon, wie er sich fühlte, als er an den Pfahl gefesselt war.

„Die Angst in meinem Herzen war so groß, dass ich nicht mehr ganz bei Sinnen war", antwortete er schaudernd. „Erst als die Feuer angezündet wurden und der Tanz begann, träumte ich davon, dass diese Bestien uns töten würden. Ich war wie einer in einem Traum, bis der erste Schuss abgefeuert wurde und ein Wilder tot fast vor meinen Füßen umfiel."

„Wir haben das Feuer nicht zu früh eröffnet", sagte ich vielleicht mit einem Anflug von Stolz im Tonfall, weil ich meiner Meinung nach meine Rolle gut gespielt hatte.

„Im nächsten Moment wäre das Messer des Indianers in meinem Körper gewesen!" er weinte. „Ich konnte an dem grimmigen Glanz in seinen Augen erkennen, dass er damit rechnete, mir das Leben zu nehmen."

„Die mörderischen Bestien töten ihre Gefangenen nicht so schnell oder so einfach. Er hätte Ihr Leben bis zum Äußersten verlängert, damit Sie umso mehr leiden könnten."

Dann erzählte ich ihm vom grausamen Tod meines Vaters; von dem, was wir gefunden hatten, um die schreckliche Geschichte zu erzählen, und bevor ich fertig war, liefen ihm die Tränen über die Wangen.

Simon Kenton muss unserem Gespräch zugehört haben, denn er rief scharf, als Paul fast von Trauer überwältigt wurde:

„Ihr Jungs solltet am besten vor Tagesanbruch so viel Schlaf wie möglich bekommen, denn sobald die Sonne aufgeht, wenn es so ist, dass die Rotwölfe sich zurückgezogen haben, müssen wir uns auf den Weg nach Corn Island machen."

Ich verstand, dass es ihm nicht sehr gefiel, weil ich den Jungen, der erst vor kurzem aus der geschäftigen Welt gekommen war, erschreckt hatte, und es beschämte mich, weil ich ihm, der so mutig war, Gelegenheit zum Tadel gegeben hatte.

Meine Mutter breitete die Felle in der Nähe des Kamins aus, wo ich gewöhnlich geschlafen hatte, und Paul legte sich pflichtbewusst nieder, während sein Vater offenbar in einem braunen Arbeitszimmer am Tisch blieb.

Es kam mir nicht in den Sinn, Simon Kenton die ganze Arbeit überlassen zu dürfen, und ich sagte energisch, hatte aber gleichzeitig das Gefühl, dass meine Augen schwer wurden:

„Ich zähle darauf, dass ich heute Nacht meinen Beitrag zur Wache leisten werde. Es ist nicht richtig, dass ich schlafe, während du wach bleibst."

„Ich sollte nicht darauf vertrauen, dass Sie allein Wache stehen, und es gibt keinen guten Grund, warum wir beide im Dienst bleiben. Schlafen Sie jetzt, damit Sie besser für einen langen Tag mit dem Landstreicher gerüstet sind."

Er sprach in einem so befehlenden Ton, dass ich nichts anderes tun konnte, als zu gehorchen, und als meine Mutter die Leiter zu ihrem Bett auf dem Dachboden hinaufkletterte, legte ich mich an Pauls Seite und schloss meine Augen im Schlaf, fast sobald mein Körper gestreckt war in voller Länge raus.

Der Tag war angebrochen, als ein Schrei von Simon Kenton mich erschrocken auf die Beine brachte, weil ich glaubte, die Wilden seien über uns her; aber er beruhigte meine Ängste, als er lachend sagte:

„Ich wollte herausfinden, wie lange man braucht, um die Augen weit zu öffnen. Wenn wir beide uns Major Clarke anschließen wollen, sollten wir uns gut kennen.“

„Ich bin nicht so ein Idiot, dass ich schlafe, nachdem ich gerufen wurde“, antwortete ich ein wenig gereizt, denn es schien, als würde er sich über mich lustig machen. „Vielleicht kenne ich mich im Holzhandwerk nicht so gut aus wie du; aber ich bin kein Müßiggänger.“

„Jetzt nimmst du mich zu ernst“, antwortete er mit einem weiteren Lachen, das mich von meiner Wut befreite. „Es war höchste Zeit, dass Sie sich auf den Landstreicher vorbereiten, und ich freue mich, Sie so schnell bei einem Besuch zu sehen. Wem es schwerfällt, den Schlaf aus seinen Augen zu schütteln, sollte in Städten bleiben, in denen er kein Gewehr in der Hand halten muss.“ „Sehen Sie sich diesen Möchtegern-Siedler an“, fügte er flüsternd hinzu, und ich warf einen Blick in die Richtung seines ausgestreckten Fingers, wo Mr. Sampson gähnte und sich reckte, als würde er sich mühen, sich zu sammeln seine Sinne. „Ist es seltsam, dass die bemalten Rohlinge so etwas wie ihn ohne große Schwierigkeiten gefangen nehmen?“

Paul war kein solcher Faulpelz. Er war zur gleichen Zeit wie ich aufgestanden und stand nun in der Nähe der Tür, auf der Hut vor allem, was auf ihn zukommen mochte.

Ich konnte hören, wie sich meine Mutter auf dem Dachboden bewegte, und wusste, dass sie bald unten sein würde, um das Frühstück zu kochen, und nachdem ich den Plan verstanden hatte, sollten wir die Reise beginnen.

„Haben die Wilden uns verlassen?“ Ich fragte den jungen Pfadfinder.

„Ja, so scheint es, obwohl ich es nicht unbedingt glauben möchte, ohne einen besseren Beweis zu haben, als dass wir nichts von ihnen gehört haben, seit Sie schlafen gegangen sind. Bleiben Sie hier, bereit für alles, was passieren könnte, und“ Ich werde mich umschauen.

Während er sprach, öffnete er die Tür, und als er sich leise hinausgeschlichen hatte, stand ich an seiner Stelle Wache, mit Paul dicht an meiner Seite.

Erst als das Morgenessen gekocht und auf dem Tisch verteilt war, kam Simon Kenton zurück, und die Nachricht, die er überbrachte, erfüllte mich mit größter Erleichterung.

„Die Dosis, die wir ihnen gestern Abend gegeben haben, hat gereicht", sagte er und lehnte sein Gewehr an die Seite der Hütte, während er sich an den Tisch setzte, ohne auf eine Einladung zu warten. „Jetzt ist es an der Zeit, dass wir anfangen, denn wir wissen nicht, wie bald die Bestien es sich in den Kopf setzen, zurückzukommen."

„Sollen wir all unser Hab und Gut hier lassen?" fragte ich und sah mich in dem dürftigen Möbelvorrat um, von dem der größte Teil mein Vater selbst angefertigt hatte.

„Besser sie als deine Haare", antwortete Simon Kenton. „Wenn die Schlangen wieder hierher kommen, machen sie kurzen Prozess mit der Hütte und allem, was sich darin befindet, egal, ob Sie hier sind, um sie zu verteidigen, oder nicht. Falls sie wegbleiben, ist das Zeug in Sicherheit." wo es ist, wenn wir darauf achten, die wilden Tiere fernzuhalten.

Auf dem Gesicht meiner Mutter lag ein schmerzerfüllter Ausdruck, der, wie ich wusste, von dem Gedanken herrührte, ihre spärlichen Besitztümer zurückzulassen; aber sie gab ihrem Kummer keine Worte und beteiligte sich mit dem jungen Pfadfinder an der Unterhaltung über den Landstreicher des Tages.

Als das Essen gegessen war und Mutter die Hütte ein wenig aufgeräumt hatte, gingen wir hinaus ins Sonnenlicht und schlossen Tür und Fensterläden hinter uns, als rechneten wir damit, vor Einbruch der Dunkelheit zurückzukehren.

Simon Kenton übernahm die Führung und dann begann der lange Marsch, der erst spät in der Nacht endete.

Wir machten nur wenige Pausen und auch dann nur für ein paar Augenblicke. Wir aßen, während wir gingen, kämpften uns durch das dichte Unterholz und waren stets auf der Hut vor Gefahren.

Herr Sampson bestand mehr als einmal darauf, dass ihn das Tempo umbrachte; Als der Tag halb vorüber war, erklärte er, dass es ihm unmöglich sei, eine halbe Meile weiter zu gehen; Aber als Kenton leise vorschlug, er könne anhalten, wo er wolle, und am nächsten Morgen unserer Spur folgen, kam er zu dem Schluss, dass er vielleicht noch eine Weile auf den Beinen bleiben könnte.

Paul war ein so fröhlicher Begleiter, wie man es sich nur wünschen kann. Obwohl seine Füße wund waren und er müde war, wie ich ganz genau wusste, kam kein Wort der Beschwerde über seine Lippen, und bevor der Tag zu Ende war, wusste ich, dass Simon Kenton begonnen hatte, den Jungen zu lieben, genau wie ich es bereits tat, denn er flüsterte einmal, als wir den anderen weit voraus waren:

„Dieser Junge ist ein Dutzend solcher Männer wert wie sein Vater. Er hat echten Mut, und ich garantiere Ihnen, dass Sie ihn nicht jammern hören würden, selbst wenn er erschöpft auf den Beinen wäre."

Es gibt keinen Grund, warum ich sagen muss, wie meine Mutter ihren Teil der Müdigkeit ertragen musste. Sie war eine mutige, aufrichtige Frau, und wenn eine Aufgabe zu erledigen war, wie groß sie auch war, ging sie mit Willenskraft und im Stillen oder mit fröhlichen Worten an sie heran.

Als wir zu später Stunde am Abend vor Corn Island ankamen und einen von Major Clarkes Truppen fanden, der bereit war, uns über den Fluss zu bringen, war ich mehr erstaunt, als Worte es ausdrücken könnten, denn es war, als ob ich war plötzlich aus der Wildnis aufgetaucht und befand mich in einer bevölkerungsreichen Stadt.

Nicht weniger als zwanzig Familien waren mit den Freiwilligen heruntergekommen und hatten zusammen in der Nähe der Unterkünfte der Männer ihr Lager aufgeschlagen. Wenn man Männer, Frauen und Kinder mitzählt, dürften es nicht weniger als vierhundertfünfzig Menschen gewesen sein, dreimal so viele, wie ich jemals zuvor an einem Ort gesehen hatte.

Der größte Teil dieser Versammlung schlief; aber ich konnte mir gut vorstellen, wie geschäftig und verwirrt es sein musste, wenn sich alle bewegten, und die bloße Vorstellung verwirrte mich.

Simon Kenton führte uns direkt zu der für Major Clarke reservierten Hütte und stellte uns dort dem Expeditionskommandanten vor, der uns so herzlich willkommen hieß, dass sogar Mr. Sampson vergessen haben musste, worüber er gesprochen hatte „Almosen annehmen."

Mutter wurde von einigen der Frauen übernommen, und uns vier, also Simon Kenton, den Sampsons, Vater und Sohn und mir, wurde ein Unterstand aus Buschwerk zur Verfügung gestellt – kein nennenswerter Unterschlupf; aber für mich, deren Ausdauer fast am Ende war, war es äußerst einladend.

Sogar Kenton selbst spürte die Auswirkungen des langen Trampelns; und wir unterhielten uns an diesem Abend nicht; jedes Mitglied der Gruppe schlief ein, sobald es am Boden war.

Paul und ich waren am nächsten Morgen früh im Ausland. Für ihn war ein solches Gedränge nichts Neues, denn er erzählte mir feierlich, dass er in Maryland weitaus mehr Menschen gesehen hatte, die dem Vergnügen verfallen waren, als man auf Corn Island finden konnte, und ich musste dem Jungen glauben, obwohl es kaum möglich schien .

Wie ich schon sagte, gab es nicht weniger als zwanzig Familien, die mit der Streitmacht des Majors heruntergekommen waren, um in der Wildnis ein Zuhause zu finden, und als ich auf irgendeine Weise, ich weiß nicht wie, erfuhr, dass ich der Sohn eines Siedlers war, waren viele davon Sie versammelten sich, um zu erfahren, wie es uns auf unserer Lichtung ergangen war.

Als ich vom Tod meines Vaters erzählte, waren mehr als ein blasses Gesicht unter den Frauen und jüngeren Kindern zu sehen, und ich wage zu behaupten, dass nur wenige geblieben wären, um in der Nähe des Ohio River Häuser zu bauen, wenn es ihnen möglich gewesen wäre, in die Siedlung zurückzukehren sie waren gerade gegangen.

Mr. Sampson wirkte jetzt wie ein anderer Mann, da er mitten in einer Menschenmenge war. Er schien es nicht mehr für nötig zu halten, nach Maryland zurückzukehren, wo eine Frau und zwei Kinder auf seine Ankunft warteten; erklärte aber, dass er sein Vermögen mit denen vereinen würde, die damit rechneten, an der Grenze ein Dorf aufzubauen.

Paul blieb dicht an meiner Seite, während ich mit den Männern über die Expedition sprach, auf der Major Clarke sie leiten sollte, und als ich ihm spät am ersten Tag im Lager von meiner Absicht erzählte, der Truppe als Freiwilliger beizutreten, sagte er erklärte, dass ihm nichts mehr gefallen würde, als mein Kamerad zu sein.

„Wenn mein Vater will, werde ich gehen“, sagte er ruhig; aber in einem Tonfall, der mir verriet, dass er einen eigenen Willen hatte und sich nicht gegen seine eigenen Wünsche oder Neigungen an der Nase herumführen ließ.

Bei der ersten Gelegenheit suchte ich Simon Kenton auf, um ihm von Pauls Plänen zu erzählen, und der junge Pfadfinder sagte herzlich:

„Ich mag den Jungen und werde froh sein, ihn bei uns zu haben, auch wenn er uns eine Zeit lang einiges an Ärger bereiten könnte.“

„Er lernt schnell, glaube ich, und wenn er die Menschen um ihn herum beobachtet, wird er sich bald einigermaßen gut fortbewegen können“, antwortete ich zuversichtlich, woraufhin mich der Kundschafter mit den Worten überraschte:

„Es wird niemanden außer dir und mir geben, den er sehen kann.“

„Was wird dann aus dieser ganzen Versammlung geworden sein?“ fragte ich erstaunt.

„Sie werden weit hinter uns sein, Junge. Hast du gedacht, dass ich wie ein Soldat in einer Reihe marschieren würde?“

"Was kannst du noch tun?"

„Bleiben Sie im Voraus, um sicherzustellen, dass keine Gefahr droht. Sie und ich werden als Späher fungieren; ich schätze, es gibt vielleicht noch andere, aber ich wurde angeheuert, um diese ganze Gruppe zu leiten, zuerst zum britischen Außenposten in Kaskaskia und dann nach Cahokia. "

"Du allein?" Ich weinte und war überwältigt, als ich erfuhr, dass dieser junge Mann in den Augen eines Soldaten wie Major Clarke von so großer Bedeutung war.

„Nicht allein, denn ich rechne damit, einen Louis Nelson mitzunehmen, und er hat vor, dass Paul Sampson den dritten machen wird.“

„Aber ich bin viel zu unwissend, um eine so wichtige Pflicht zu übernehmen!“

„Der Junge, der bereit ist, sich einer Bande bemalter Wölfe zu stellen, wie sie Ihre Hütte belagert haben, und das fast im Alleingang, verspricht, ein Kamerad nach meinem Geschmack zu sein. Wir werden die Männer anführen, Louis, und ich wage zu behaupten, dass es keinen Hinterhalt geben wird, den wir nicht aufspüren werden, bevor es den mörderischen Rothäuten gelingt, Unheil anzurichten.

„Und sind Sie bereit, Paul Sampson mitzunehmen?“ fragte ich, immer noch in einem Labyrinth der Verwirrung.

„Ja, das bin ich, ich wage zu behaupten, dass er sich nach ein wenig Erfahrung als ebenbürtig erweisen wird.“

Ich konnte meine Freude kaum zurückhalten bei dem Gedanken, dass mein Werk das Werk eines Mannes sein sollte; Aber ich rannte mit voller Geschwindigkeit davon, um meine Mutter mit dem vertraut zu machen, was ich für ein seltenes Glück hielt.

Sie, gütige Seele, war traurig, weil sich mir eine solche Gelegenheit geboten hatte, und obwohl sie kein Wort gegen das Unternehmen sagte, verstand ich, was in ihrem Herzen war, und sagte es schnell, auch wenn es mir einen Stich kostete, es auszusprechen Wörter:

„Du bist nicht erfreut, Mutter, und ich hatte gedacht, dass es dich freuen würde, weil Simon Kenton so großes Vertrauen in mich hatte. Ich werde ihm sagen, dass ich nicht gehen kann, und du vergisst vielleicht, dass ich davon gesprochen habe.“

Die Tränen waren ganz nah an ihren Augenlidern, als sie mich näher zu sich zog und leise sagte, ohne ihrer Stimme zu trauen:

„Ich würde dich nicht behalten, mein Sohn, auch wenn mir der Abschied große Schmerzen bereiten würde. An der Grenze müssen Jungen schnell lernen, Männer zu sein, und es ist vielleicht das Beste für dich, zu gehen.

Vielleicht schließen wir uns diesen Siedlern an, die bauen wollen." eine Stadt in der Nähe aufsuchen, wenn du voller Ruhm zurückkommst.

„Jetzt machst du dich über mich lustig, Mutter", antwortete ich vorwurfsvoll. „Im Kampf gegen Wilde kann man keinen Ruhm erlangen."

„Meiner Meinung nach hast du sehr viel gewonnen, Louis, als du dein Leben gewagt hast, um Mr. Sampson und Paul zu retten."

Ich konnte nicht genau verstehen, was sie meinte, und gab mir auch keine großen Mühe, denn der Ausdruck des Schmerzes war aus ihrem Gesicht verschwunden, und ich wollte Paul die gute Nachricht wiederholen.

Ich fand ihn am Ufer der Insel, wie er über das Wasser blickte, als hätte er in dem schlammigen Bach eine wundervolle Vision gesehen, und anstatt überrascht oder begeistert zu sein, als ich erzählte, welche stolze Position wir in der Expedition einnehmen würden, sagte er mit ein Seufzer:

„Es reicht, wenn ich bei dir sein soll, Louis."

„Und dein Vater? Wird er seine Zustimmung geben?"

„Er schmiedet Pläne für die neue Siedlung, die gebaut werden soll, und als ich ihm sagte, dass es mir eine Freude wäre, mit Ihnen und Simon Kenton zu gehen, sagte er, er hätte an andere Dinge zu denken."

„Heißt das, dass du gehen kannst?"

„Jetzt, wo er Gefährten hat, wird an mich kein Gedanke mehr sein. Wir werden gehen, Louis; aber denkst du, dass wir zurückkommen werden?"

Die Frage machte mir fast Angst. Ich hatte nur daran gedacht, ein Späher für eine so tapfere Gruppe zu sein, wie sie hier lagerte, und hatte der möglichen Gefahr, die uns erwartete, keine Beachtung geschenkt, bis ich durch Pauls Worte daran erinnert wurde.

KAPITEL V.
RUNTER OHIO.

Pauls Frage, ob wir jemals zurückkommen würden, löste in mir Angst aus, das erste Gefühl dieser Art, das ich seit Beginn des Vorhabens verspürt hatte.

Nachdem mir die Sache auf so unschuldige Weise vor Augen geführt worden war, begann ich zu begreifen, was diese Reise bedeuten könnte. Ich hatte mein Leben nicht an der Grenze verbracht, ohne von Major Clarke gehört zu haben, und wusste ganz genau, dass er wegen der Gefahr nicht den Rücken kehren würde; Sollte es ihm tatsächlich gelingen, seine Männer an einen Ort zu führen, an dem ihr Leben in Gefahr wäre, wäre der erste Gedanke des Majors, wie er den Feind besiegen könnte – und nicht, wie er und seine Gefolgsleute entkommen könnten.

Darüber hinaus war nur ein einziger Blick nötig, um zu zeigen, dass die Arbeit heiß werden würde, sobald die Truppe in Schlagdistanz zum Feind gelangt war. Major Clarke hatte niemanden außer alten Grenzbewohnern rekrutiert, von denen jeder ein Dutzend Mal um sein Leben gegen die bemalten Wölfe gekämpft hatte, und ich frage mich, ob es einen Mann im Wald gab, der nicht einige private Ungerechtigkeiten hatte, die er an beiden Wilden rächen musste Engländer.

Wenn man das alles weiß, muss man ein einfacher Mensch sein, der nicht versteht, wie heftig die Bemühungen sein würden, einen verheerenden Schlag zu versetzen, sobald sich die Kompanie in der Nähe des Feindes befindet, egal, ob es sich bei diesem Feind um einen Soldaten im roten Mantel oder um einen halbnackten Soldaten handelt , federgeschmückte Rohlinge, die seit dem ersten Tag, als die Weißen in diesen Teil des Landes kamen, ein Leben voller Mord und Plünderung geführt hatten.

Und Paul und ich sollten, so gut wir konnten, die Rolle der Späher im Vorfeld einer solchen Streitmacht übernehmen, die Major Clarke folgte! Wir, die wir aufgrund unserer Unwissenheit hätten im Hintergrund bleiben sollen, würden die Führung übernehmen und notgedrungen den härtesten Kampf aufnehmen, weil wir als Erste dem Feind gegenüberstanden.

Es ist kein Wunder, dass ich von Angst überwältigt wurde, als mir zum ersten Mal klar wurde, was ich auf mich genommen hatte; Aber Paul, der nie davon geträumt hatte, was wir alles erreichen könnten, blieb ruhig und gelassen, als wäre unser Ausflug der unschuldigste aller Vergnügungsausflüge.

Der Junge war überrascht, dass ich schweigsam war, obwohl er nichts weiter getan hatte, als zu wiederholen, was ich ihm ein Dutzend Mal gesagt hatte, und fragte besorgt, ob ich krank sei.

Es wäre kaum mehr als die Wahrheit gewesen, wenn ich ihm gesagt hätte, dass ich vor Angst krank war; aber solche Worte hätten mich beschämt, und ich schwieg und ließ ihn glauben, dass ich, der ich noch nie eine Tageskrankheit erlebt hatte, plötzlich auf irgendeine weibliche Art und Weise überwältigt worden war.

Es war Simon Kenton, der sich in unser nicht allzu angenehmes Gespräch einmischte, indem er fröhlich sagte, wie jemand, der gerade Glück gehabt hat.

„Wenn ihr alle eure Angelegenheiten erledigt habt, machen wir uns bis zum Sonnenuntergang auf den Weg, denn ich rechne damit, dass wir vor unserem Halt einen guten Blick auf den Fluss haben.“

„Sind die Männer bereit zum Umzug?“ fragte ich überrascht.

„Sie werden vierundzwanzig Stunden später folgen, vorausgesetzt, wir erfahren nichts, was die Bewegung verhindern könnte. Es ist unsere Aufgabe, das Land auszukundschaften, und wir müssen lange im Voraus bleiben.“

Ich warf Paul einen kurzen Blick zu, um zu sehen, wie sich die Nachricht auf ihn auswirkte. aber nicht einmal ein Zittern der Augenlider folgte dieser Information. Wenn er die Gefahr so gut gekannt hätte wie ich, hätte er vielleicht anders ausgesehen.

Es wäre beschämend gewesen, wenn ich Angst gezeigt hätte, als dieser Junge, der nichts vom Leben an der Grenze wusste, ungerührt blieb, und ich verzog meine Lippen, so gut ich konnte, entschlossen, dass weder er noch Simon Kenton ahnen sollten, was mir auf dem Herzen lag.

Der Pfadfinder hatte nicht nur vor, an diesem Tag aufzubrechen; aber aus seinen Bewegungen konnte ich schließen, dass er bestrebt war, so schnell wie möglich mit der Arbeit zu beginnen, obwohl es für ihn keinen Unterschied machte, dass er so gesprochen hatte, als ob eine Stunde früher oder später eine Stunde früher oder später gewesen wäre, und ich sagte dies so ruhig wie möglich werde in meine Stimme gezwungen:

„Wenn Sie Lust haben, sofort zu gehen, kann ich die Vorbereitungen innerhalb von fünf Minuten treffen.“

„Es würde mir gefallen, diesen Ort loszuwerden. Eine Menschenmenge gefällt mir nicht, und wenn ich jetzt aufbreche, ist keine große Eile geboten, während das Gleiche nicht gesagt werden kann, wenn wir es wären ein paar Stunden vor den Freiwilligen.

„Ich möchte nur mit meiner Mutter reden, und dann können wir die Insel nicht zu früh verlassen, um mir eine Freude zu machen", antwortete ich und fügte hinzu, als ich in Pauls Gesicht etwas sah, das ich für einen wehmütigen Ausdruck hielt, als wollte er es sagen selbst, dass es ein Trost wäre, wenn ihm jemand sagen würde: „Willst du mit mir kommen, Junge? Ich wage zu behaupten, dass sie uns beide gleich behandeln wird."

Er sprang eifrig vor, mit der Feuchtigkeit einer aufkommenden Träne in den Augen, und wir gingen zu dem Teil des Lagers, wo sich die Frauen befanden, die alle reichlich damit beschäftigt waren, für die Freiwilligen zu kochen.

Vielleicht ist es auch gut so, wenn ich nichts über den Abschied von meiner Mutter schreibe; Es war für mich schmerzhaft und kann niemanden, der diese Zeilen liest, wirklich interessieren, wenn er vielleicht wirklich einen Leser hat.

Es genügt, wenn ich sage, dass wir beide Jungs, denn sie zeigte Paul die gleiche Zuneigung, die mir entgegengebracht wurde, versprochen haben, so vorsichtig mit unserem Leben umzugehen, wie jemand konnte, der sich an eine Arbeit gemacht hat, die unseres beweisen könnte, und zwar Weniger als eine halbe Stunde, nachdem Simon Kenton seine Absicht verkündete, die Insel zu verlassen, standen wir am Ufer und warteten auf seine Befehle.

Der junge Pfadfinder zögerte nicht, als wir bereit waren. Ein Kanu, wie es unter dem Namen „Dugout" bekannt ist, war an einem Baum vertäut und hatte unsere dürftige Ausrüstung geladen.

Ein Vorrat an Munition, Pfeffer, Salz, ein paar Kartoffeln und drei Laibe Maisbrot bildeten die Liste unserer Habseligkeiten, die wir nicht in den Taschen unserer Jagdhemden tragen konnten. Selbstverständlich hatte jeder ein Messer und ein Gewehr, die zuletzt dazu dienten, uns mit mehr Nahrung zu versorgen, und wir brauchten eigentlich nichts anderes.

Paul hatte vor seiner Abreise versucht, mit seinem Vater zu sprechen; Aber Herr Sampson war so sehr damit beschäftigt, Pläne für das zukünftige Dorf zu schmieden, das an den Ufern des Ohio entstehen sollte, dass er keine Zeit hatte, sich um seinen Sohn zu kümmern.

Major Clarke war das einzige Mitglied der ganzen Truppe, das zu diesem Zeitpunkt wusste, dass wir aufbrechen würden, und er blieb eine gute halbe Stunde, nachdem Paul und ich unsere Plätze im Unterstand eingenommen hatten, in engem Gespräch mit Simon Kenton. Dann, als er sah, dass der Späher unbedingt los wollte, trat er zurück und sagte zu uns Jungs:

„Achten Sie darauf, dass Sie die Anweisungen von Kenton genau befolgen; Ihr Leben kann vom Gehorsam abhängen, denn die Arbeit, die Sie unternommen haben, ist im höchsten Maße gefährlich."

Meiner Meinung nach hätte er sich so viel Atem ersparen können, denn ich hatte eine sehr gute Vorstellung von den Gefahren, denen wir uns stellen würden, und ich hatte aufgrund meines Mutes wenig Gefallen an einer solchen Erinnerung In diesem Moment war es nicht gerade das Beste.

mit einem einzigen Paddelschlag in die Strömung hinaustrieb. „Wir werden Sie angemessen warnen, wenn wir auf etwas Wissenswertes stoßen, es sei denn –"

Er beendete den Satz nicht; aber ich wusste genau, wie ich es abschließen sollte. „Es sei denn, wir werden überrascht und alle getötet", hätte er gesagt, wenn er nicht Angst gehabt hätte, Paul und mich zu beunruhigen.

Noch bevor wir eine halbe Meile von der Insel entfernt waren, wurde mir klar, dass ich die Rolle eines Narren spielte, indem ich meinen Gedanken erlaubte, über die Möglichkeiten der Zukunft nachzudenken, und indem ich meine Gedanken in eine andere Richtung zwang, begann ich darüber zu sprechen Ich träumte nicht davon, dass daraus eines Tages eine große Stadt namens Louisville werden würde, als ob sie nach mir benannt wäre.

Zehn Minuten oder länger lang wurde kein Wort gesprochen, und dann sagte Kenton, als würde er mit sich selbst sprechen:

„Die Freiwilligen werden irgendwann morgen aufbrechen und sollten so schnell wie möglich vorankommen."

„Kommen alle Männer den Fluss hinunter?" Paul sagte:

„Einige werden zurückgelassen, um sich um die Frauen und Kinder zu kümmern; der Rest soll in den Flachbooten aufbrechen, die auf der anderen Seite der Insel vertäut sind."

„Wenn sie in Booten kommen sollen, verstehe ich nicht, warum wir vorwärts drängen", sagte ich dumm, worauf Kenton antwortete:

„Es ist unsere Aufgabe herauszufinden, ob die bemalten Schlangen in großer Stärke in der Nähe des Flusses sind."

„Und wie können wir das lernen, wenn wir nicht am Ufer entlang trampeln?"

„Die Chancen stehen gut, dass die Schlangen auf uns schießen würden, wenn man nicht damit rechnet, dass die Hauptstreitmacht so nah ist."

„In diesem Fall sollten wir die Informationen dadurch erhalten, dass wir erschossen – vielleicht sogar getötet" werden.

„Ich schätze, einer von uns würde lebend herauskommen, und er könnte zurückkommen, um die Nachricht zu überbringen", sagte Kenton leise, als ob die Möglichkeit, dass wir unser Leben verlieren würden, so gut wie nichts wäre, solange die Freiwilligen gewarnt würden. „Aber es besteht eine gute

Chance, dass wir alle ohne einen Kratzer durchkommen, selbst wenn sich die Reptilien in voller Stärke versammelt haben, denn sie sind nicht die besten Schützen, die es hier gibt, und wenn wir uns mitten im Geschehen halten Strom, es sollte sicher segeln. Jetzt denke ich, wir sollten besser unsere Zungen schweigen lassen und unsere Augen auf die Arbeit richten, sonst gibt es den Anschein von Ausrutscher bei dem, was wir finden sollen. Wenn Sie sehen das am wenigsten verheißungsvoll aussehende Ding, singen Sie es aus, und wir werden wissen, was es bedeutet, bevor wir weitermachen.

Paul hörte diesen Worten zu, als ob sie sich nicht besonders um ihn kümmerten, und ich war nahe daran, über den Jungen verärgert zu sein, weil er scheinbar gleichgültig war, wenn sein Leben in Gefahr war; aber ich hielt mich mit dem Gedanken zurück, dass er anders aussehen würde, wenn er die Situation vollständig verstehen würde.

Zu diesem Zeitpunkt beschäftigte Simon Kenton seine Augen weiter, während er am Paddel arbeitete, und lehnte mein Hilfsangebot ab, und ich frage mich, ob ihm ein einzelner verbogener Zweig oder ein gebrochener Ast entgangen war. Es war, als sähe er beide Seiten des Flusses gleichzeitig und lauschte ebenso gespannt wie er hinsah, und man kann sich vorstellen, dass ich es nicht wagte, auch nur den geringsten Versuch zu unternehmen, mich zu unterhalten.

Es erübrigt sich für mich, ausführlich zu erklären, auf welche Weise wir diesen Punkt umrundeten oder die von überhängendem Laubwerk halb verborgene Bucht umgingen, denn alle wissen genau, wie sich die Reisenden auf dem Ohio in den Tagen der Revolution vor Hinterhalten oder plötzlichen Angriffen hüteten .

Meiner Meinung nach hätten wir während dieses Teils der Reise genauso gut bei den Freiwilligen bleiben können, denn falls wir auf eine größere Gruppe Wilder stoßen würden, bestand kaum eine Chance, dass es einem von uns gelingen würde, die Nachricht denjenigen zu überbringen, die sie praktisch platziert hatten lebt in unserer Obhut.

Innerhalb von fünf Sekunden hatte ich geschossen und dabei die Dampfwolke als Ziel genutzt. – Seite 108. *An der Grenze zu Kentucky.*

Wir waren drei Stunden oder länger unterwegs; Die Sonne stand tief am Himmel, und am Westufer waren die Schatten bereits so dicht, dass sich hundert bemalte Tiere unter den tief herabhängenden Ästen hätten verstecken können, ohne dass wir es gemerkt hätten.

Mir kam es töricht vor, weiterzumachen, wenn unser einziger Zweck darin bestünde, beide Seiten des Flusses sorgfältig abzusuchen, und ich war gerade im Begriff, es Kenton zu sagen, als eine winzige Rauchwolke aus dem Laub hervorschoss rechts von uns, kaum mehr als fünfzig Meter entfernt; Man hörte einen scharfen Knall wie den Knall einer Peitsche, während die Splitter vom Paddel in der Hand des Kundschafters flogen.

Es versteht sich von selbst, dass ich erschrocken war; aber nicht in einem solchen Ausmaß, dass es mich meines Verstandes berauben würde.

Ich wusste ganz genau, dass niemand außer einem Wilden auf uns geschossen hätte, und das Wissen, dass der bösartige Feind so nahe war, ließ mich die Angst vergessen, die mich kurz zuvor befallen hatte.

Fünf Sekunden nach dem Moment, in dem die winzige Rauchwolke wie die Zunge einer Schlange hervorschoss, hatte ich abgefeuert und dabei die

Dampfwolke als Ziel genutzt, und Simon Kenton sagte zustimmend, aber ohne jede Spur von Aufregung in seinem Ton:

„Das war gut gemacht! Ein Junge, der so schnell schießt, sollte nicht benachteiligt werden, was auch immer herauskommt."

Noch bevor ich geschossen hatte, hatte er den Bug des Unterstandes vom Ufer abgedrängt und paddelte, tief gebückt, mit aller Kraft, als ob ihn nur der Gedanke an ein Entkommen beschäftigte.

Paulus hatte weder gesprochen noch sich bewegt; Im Moment war er mir mit dem Rücken zugewandt, eine Tatsache, die ich bedauerte, weil ich sein Gesicht nicht sehen konnte, um zu erkennen, ob er die Farbe wechselte.

Wir befanden uns kaum in der Mitte des Flusses, als ein zweiter Schuss zu hören war, diesmal von einer Stelle weiter unten am Fluss; aber die Kugel flog harmlos über unsere Köpfe hinweg.

Ich unternahm keine Anstalten, den Schuss zu erwidern, und zwar aus dem guten Grund, dass ich aus dieser Entfernung keine Chance hatte, ihn zu exekutieren, obwohl der, der geschossen hatte, regungslos blieb, was kaum zu erwarten war.

Kenton bog um die nächste Kurve und schmiegte sich eng an das Ostufer, und als wir an einem kleinen Bach ankamen, zwang er das Kanu den winzigen Wasserlauf hinauf, bis es vollständig vom Laubwerk verdeckt wurde.

„Wir hätten ohne Angst weitergehen können", flüsterte ich, überrascht von diesem Manöver, „Wir waren schneller unterwegs, als die Wilden gehen konnten, und hätten sie leicht überholen können."

„Das ist genau das, womit wir nicht rechnen", sagte er ruhig, sprach in einem gewöhnlichen Tonfall und zeigte damit, dass er nicht an eine Gefahr dachte, während wir auf dieser Seite des Flusses blieben.

"Warum nicht?" fragte Paul sanft.

„Weil es unsere Aufgabe ist zu wissen, wie viele der Reptilien sich dort am Ufer befinden."

„Aber wie willst du das herausfinden?"

„Geh dorthin zurück und sieh sie dir an. In weniger als einer Stunde können wir den Trick mit gutem Stil erledigen."

Paul und ich sahen uns mit einer Mischung aus Angst und Erstaunen an, während man vielleicht bis zehn gezählt hätte, und dann wandte ich den Blick ab, da mir inzwischen klar wurde, dass das Sammeln solcher Informationen der einzige Grund war, warum wir vor dem Fluss den Fluss hinuntergekommen waren Freiwillige.

Kenton saß wie eine Statue in der Mitte des Kanus, wir Jungs saßen an beiden Enden, und es kam mir vor, als ob eine ganze Stunde verging, bevor ein Wort gesprochen wurde.

Dann war die Nacht so nah bei uns, dass es unmöglich war, Objekte in einer Entfernung von zwanzig Schritten zu erkennen, außer direkt in der Mitte des Flusses.

„Ich schätze, wir können uns genauso gut an die Arbeit machen", und Kenton zwang das Kanu vorsichtig aus dem Blättergewirr heraus, bis die Strömung es flussabwärts trug.

Er benutzte das Paddel nur, um zu verhindern, dass sie mit trockenem Gestrüpp oder Baumstämmen am Ufer in Konflikt geriet, und wir waren vielleicht zwei Meilen weit getrieben, als er sich plötzlich an die Arbeit machte und das leichte Boot mit Geschwindigkeit I über den Fluss schickte hatte noch nie etwas Vergleichbares gesehen, nicht einmal von meinem Vater.

Ich hatte voll und ganz damit gerechnet, den Knall eines Gewehrs zu hören oder den Stich einer Kugel zu spüren, wenn wir uns mitten im Bach befanden, wo uns ein scharfäugiger Wilder vielleicht sehen würde; aber nichts geschah, was unseren Fortschritt behinderte, und in einer erstaunlich kurzen Zeitspanne waren wir wieder einmal vor unseren Augen verborgen; aber jetzt auf der gleichen Seite des Flusses, von der wir wussten, dass die bemalten Schlangen lauerten.

„Du sollst im Unterstand bleiben", flüsterte mir Simon Kenton zu, als er sein Gewehr hob. „Wenn es möglich ist, dass ich bei Sonnenaufgang nicht wieder hier bin, müssen Sie sich flussaufwärts arbeiten, um Major Clarke zu warnen."

Hätte er mir die Gelegenheit gegeben, hätte ich ihn dringend gebeten, uns mitzunehmen oder bis zum nächsten Morgen zu warten, bevor er ein so gefährliches Unterfangen wagte. aber die Worte waren erst gesprochen worden, als er gegangen war.

In einem Moment sprach er mit mir und im nächsten war er so vollständig und lautlos verschwunden, als ob das Wasser ihn bedeckt hätte. Kein Indianer, der jemals gelebt hat, hätte ihn an Schnelligkeit und Geräuschlosigkeit erreichen können.

Paul war verblüfft, als er sich umdrehte und Kenton nicht sah, und ich fühlte mich gezwungen, flüsternd zu erklären, was passiert war, sonst hätte der Junge, glaube ich, in seiner Verwirrung aufgeschrien.

Für diejenigen, die schon immer in großen Siedlungen oder Städten gelebt haben, ist es nicht möglich, sich der Trostlosigkeit einer solchen Situation bewusst zu werden, wie wir sie hatten, während wir auf die Rückkehr des Kundschafters warteten.

Er hatte sich in den Wald gewagt, wo wir mit Sicherheit wussten, dass es dort blutrünstige Feinde gab, und dass er erkannte, dass uns durch den Befehl alle Möglichkeiten aufgezeigt worden waren, uns flussaufwärts vorzuarbeiten, um die entgegenkommenden Boote zu warnen, falls er versagen sollte um bei Sonnenaufgang zurückzukehren.

Mein Herz schlug mir fast bis zum Hals, als ich da saß und Pauls Hand hielt, beim leisesten Geräusch zuckte und sogar im Plätschern des Wassers ein Zeichen der Wilden hörte. Meine Zunge war ausgetrocknet; Ich hätte kein einziges Wort hervorbringen können, wenn es nötig gewesen wäre zu sprechen, und nur mit größter Mühe konnte ich verhindern, dass meine Hand zitterte, und so meinem Begleiter zeigen, dass ich schreckliche Angst hatte.

Als vielleicht eine Stunde vergangen war, kam es mir vor, als wären wir eine ganze Nacht dort gewesen, und dann kam das Geräusch, das ich gleichzeitig erwartet und gefürchtet hatte zu hören.

Aus der Ferne, etwa eine halbe Meile entfernt, ertönte, wie ich vermutete, der Knall eines Gewehrs; dann noch einer und noch einer und danach die gleiche Totenstille wie zuvor.

„Glauben Sie, dass ihm etwas passiert ist?" Paul flüsterte zitternd, und ich antwortete, weil ich es wirklich glaubte:

„Nicht, es sei denn, er hatte einen Unfall, bevor dieser erste Schuss abgefeuert wurde. Wenn eine große Anzahl von Wilden in der Nähe gewesen wäre, hätte er alle Anstrengungen unternommen, um ohne Zeitverlust zurückzukehren, damit wir die Freiwilligen warnen könnten. Möglicherweise Es waren nur wenige, vielleicht mit einem Gefangenen, und er hat einen Rettungsversuch unternommen.

Ich fühlte mich durch meine eigenen Worte, die glaubhaft klangen, ermutigt und blieb zehn Minuten oder länger wachsam, in der Erwartung, dass Kenton jeden Augenblick so lautlos auftauchen würde, wie er verschwunden war.

Als jedoch diese Zeit verstrichen war und er immer noch abwesend war, überkam mich Angst und ich stellte mir das Schlimmste vor.

Nachdem eine halbe Stunde vergangen war und ich die Zeit durch Zählen notierte, gab es in meinem Herzen keine Hoffnung mehr.

Nachdem er einen Schuss abgefeuert hatte, wäre Kenton, wenn er dazu in der Lage gewesen wäre, sofort zu uns zurückgekommen; Denn auch wenn er nicht alles gelernt hatte, was nötig schien, musste er doch verstanden haben, dass er den Feind nicht mehr ausspionieren konnte.

Ich versuchte zu entscheiden, was getan werden sollte; aber mein Gehirn war im Wirbel. Ich hätte mich kaum verteidigen können, wenn einer der bemalten Rohlinge in meiner Nähe aufgetaucht wäre.

Es war Paul, der mich aus der Benommenheit der Verzweiflung weckte, indem er mir ins Ohr flüsterte:

„Er hat nicht gesagt, dass wir bis zum Sonnenaufgang den Fluss hinaufgehen sollen. Warum ist es uns vielleicht nicht möglich, ihm zu helfen?“

Ich schüttelte den Kopf, weil ich glaubte, dass es für uns zu spät sei, noch etwas für ihn zu bewirken. Aber der Vorschlag, der von einem Jungen kam, der von all dieser elenden Angelegenheit keine Ahnung hatte, weckte in mir die Erkenntnis meiner eigenen Torheit.

„Ich bin derjenige, der gehen muss“, sagte ich entschieden. „Du sollst hier bleiben, falls er zurückkommt.“

„Damit könnte ich nicht weiterhelfen. Wir werden gemeinsam gehen.“

Selbst jetzt verstehe ich nicht, warum mich mein Verstand so völlig im Stich gelassen hatte. Ich hatte keine Ahnung, was passieren würde, wenn wir beide in der Dunkelheit in den Wald aufbrechen würden; Aber bevor wir Simon Kenton wieder trafen, wurde mir meine Torheit am deutlichsten bewusst.

Ohne zu versuchen, ihn zum Bleiben zu überreden, was ich selbst in meiner Torheit hätte tun sollen, flüsterte ich:

„Du musst dich vorsichtig bewegen und dicht hinter mir bleiben, damit wir nicht im Dickicht getrennt werden, wo es den Tod bedeuten könnte, zu schreien. Folge jeder meiner Bewegungen, denn ich werde die Führung übernehmen.“

Er ergriff sein Gewehr auf eine Art und Weise, die verriet, dass er zumindest kein Feigling war, und umklammerte mein Jagdhemd, um sicherzustellen, dass ich meinem Befehl gehorchte.

Ich stieg über die Seite des Kanus ins Wasser; aber nicht so lautlos wie Simon Kenton, und wir beide wateten an Land, ohne darauf zu achten, wohin uns dieser überstürzte Schritt führen würde.

Obwohl ich mich schäme, das zuzugeben, achtete ich nicht darauf, wo sich das Boot befand, das wir verließen, und machte auch keinen Versuch, herauszufinden, was uns bei unserer Rückkehr als Leitfaden dienen würde, falls wir jemals dorthin zurückkämen. Ich hatte aber nur die Idee im Sinn, flussaufwärts dorthin zu gehen, woher die Berichte über die Waffen gekommen waren.

Und wir stürzten uns in die Dunkelheit des Waldes, wobei ich behauptete, dass ich mich im Holzhandwerk besser auskenne als mein Begleiter, und dennoch etwas tat, wovon selbst der unwissendste Stadtbewohner niemals zu träumen gewagt hätte.

Es war die Tat eines Narren, und ich sollte die Strafe für meine Torheit erhalten.

KAPITEL VI.
Irre.

Es kam mir so vor, als käme der Lärm der Schusswaffen von einem Punkt, der etwa eine halbe Meile vom Ufer entfernt und weniger als ein Drittel dieser Strecke flussaufwärts lag, also strebte ich in diese Richtung und achtete nichts außer der schrecklichen Angst dass Simon Kenton gefangen genommen oder direkt getötet worden war.

Hätte ich erfahren können, dass er tot war, wäre mein Herz vielleicht etwas leichter gewesen, denn ich wusste genau, wie schrecklich die Folter sein würde, die ihm zugefügt werden würde, wenn die Wilden erst einmal verstanden hätten, wer er war.

In einem solchen Fall waren Paul und ich verpflichtet, die traurige Nachricht unverzüglich den Freiwilligen zu überbringen; aber obwohl die Chance bestand, dass wir ihm Beistand leisten könnten, hielt ich es für unsere Pflicht, alle Anstrengungen in diese Richtung zu unternehmen.

Als ich älter wurde und mehr vom Krieg gesehen hatte, wurde mir klar, dass das Leben eines einzelnen Mannes im Vergleich zum Allgemeinwohl nur wenig zählte, und wenn mir diese Tatsache zu diesem Zeitpunkt in den Sinn gekommen wäre, hätte ich es nie getan Ich habe mich auf den tollkühnen Auftrag gemacht, der Paul Sampson und mich in den Tod führen würde.

Der Junge, den Simon Kenton und ich vom Scheiterhaufen gerettet hatten, war ein begabter Schüler, wie er an diesem Abend bewies, als er dicht in meine Fußstapfen trat, keine Anzeichen von Angst erkennen ließ, wo man seine Schüchternheit durchaus verzeihen konnte, und mitzog äußerste Vorsicht.

Es steht mir nicht zu, zu sagen, dass wir so lautlos vorrückten, wie es der junge Pfadfinder hätte tun können; Aber ich war überzeugt, dass wir uns nicht ungeschickt bewegten, und begann einen gewissen Stolz zu empfinden, Paul auf diese Weise zu zeigen, wie wir von der Grenze den Spuren unserer Feinde folgten.

Etwa eine halbe Stunde lang gingen wir beide stetig, aber vorsichtig vorwärts, und dann kam es mir vor, als hätten wir an der Stelle ankommen sollen, von der die Schüsse gefallen waren.

Ich blieb stehen und hörte aufmerksam zu. Außer dem Rauschen des Windes im Laub oder den unzähligen leisen Geräuschen der Nacht, die vom Leben erzählen, wenn die Welt angeblich schläft, war kein Laut zu hören.

Zum ersten Mal machte sich in meinem Kopf ein Gefühl des Misstrauens gegenüber meinen eigenen Fähigkeiten breit. Es schien sicher, dass wir entweder in die falsche Richtung gereist waren oder die Wilden die Gegend verlassen hatten, in der die Begegnung stattgefunden hatte. Sicherlich hätten wir auf Kenton stoßen müssen, es sei denn, er machte einen größeren Umweg, als zunächst wahrscheinlich erschien, oder wäre, wie ich befürchtete, gefangen genommen worden.

Eine gewisse Verzweiflungsgefühle erfassten mich; Ich drängte vorwärts, ohne auf die Richtung zu achten, die ich einschlug, und blieb wieder stehen, um zu lauschen.

Als wir diesen zweiten Halt machten, glaubte ich, dass wir nicht weniger als zwei Meilen von der Stelle entfernt waren, wo das Kanu lag, und es war sicher, dass der Feind nicht so weit entfernt gewesen war, als die Waffen abgefeuert wurden.

Paul drückte meinen Arm zum Zeichen, dass er etwas sagen wollte; aber ich legte meine Hand auf seinen Mund. Die Tatsache, dass ich einen äußerst schwerwiegenden Fehler begangen hatte, begann sich in meinem stumpfen Gehirn festzusetzen, und eine nervöse Angst beschlich mich.

Der Gedanke, dass er, ein Junge aus dem Osten, der nichts vom Holzhandwerk wusste, guten Grund hatte, meinen Fähigkeiten zu misstrauen, ärgerte mich, und wie ein Idiot schritt ich noch einmal voran, dieses Mal sogar im rechten Winkel zu dem Kurs, den wir eingeschlagen hatten obwohl ich hätte wissen müssen, dass solche willkürlichen Reisen nicht dazu gedacht waren, die gewünschten Ergebnisse zu erzielen.

Als wir uns etwa eine Meile lang durch das Unterholz hindurchgezwängt hatten, wurden wir von einem Sumpf aufgehalten.

Es war nicht möglich, dass weder die Indianer noch Simon Kenton versucht hatten, einen solchen Ort zu durchqueren, an dem man herumstolpern musste, wobei der Lärm so groß war, dass er jede seiner Bewegungen verkündete, und ich lehnte mich an einen Baumstamm und war mir völlig bewusst, welches Unheil ich angerichtet hatte.

Wieder gab Paul zu verstehen, dass er sprechen wollte, und ich versuchte nicht länger, ihn zurückzuhalten.

„Wenn wir nach Kenton suchen oder damit rechnen wollen, zu erfahren, was aus ihm geworden ist, wäre es dann nicht besser, zum Kanu zurückzukehren und auf den Anbruch des Tages zu warten?“

„Dann ist es unsere Pflicht, stromaufwärts vorzudringen, um die Freiwilligen zu warnen“, antwortete ich launisch.

„Wir können nicht hoffen, ihn zu finden, solange es dunkel ist, und es kann sein, dass wir uns verirren", schlug er sanft vor, woraufhin ich mich ohne Grund wütend zu ihm umdrehte.

„Wir haben es bereits verloren!"

„Kannst du deine Schritte nicht zum Fluss zurückverfolgen?" fragte er sanft und ohne Anzeichen von Angst.

„Wir sollten in der Lage sein, den Bach zu erreichen; aber nachdem wir das geschafft hatten, konnte ich nicht sagen, ob wir uns über oder unter dem Kanu befanden, und wir könnten stundenlang in die falsche Richtung reisen."

„Wir könnten unseren Kurs anhand der Strömung ermitteln, und wenn es nicht möglich ist, das Boot zu finden, müssen wir den Fluss hinaufgehen, um die Freiwilligen zu warnen."

„Und Simon Kenton den Händen der wilden Rohlinge überlassen?" „fragte ich wütend und wurde in meinen nervösen Ängsten und dem Wissen, dass ich mich lächerlich gemacht hatte, unvernünftig.

„Wir verlassen Kenton nicht, weil wir ihn nie gefunden haben, und da wir, wie es scheint, nur ziellos umherirren, wäre es nicht klüger, an die anderen zu denken, die darauf vertrauen, dass wir auf die Gefahr hinweisen, die auf uns zukommen könnte? ihnen?"

Paul Sampson sprach wie ein vernünftiger Junge, und das war mir völlig klar. Er, der Junge, der sich mit Holzhandwerk nicht auskennt, hätte der Anführer sein sollen, und ich wünschte inständig, ich hätte mich mit ihm beraten, bevor ich mich auf diese wilde Jagd begab.

Während man bis zwanzig hätte zählen können, war ich nicht bereit, meine Hilflosigkeit einzugestehen, und dann kam mir so etwas wie ein Schimmer von gesundem Menschenverstand in den Sinn. Ich war bereit zu gestehen, dass ich mich wie ein Einfältiger verhalten hatte, und er musste etwas von der Wahrheit verstanden haben, als ich sagte:

„Es soll so sein, wie du es vorschlägst, Paul, und wir machen uns auf den Weg zum Fluss; aber dieses Mal rechne ich nicht damit, die Führung zu übernehmen, da ich bereits gezeigt habe, dass ich kein Recht habe, unsere Bewegungen zu lenken."

„Wenn du so verzweifelst, dann sind wir wirklich verloren", sagte er sanft. „Denken Sie daran, dass ich überhaupt nichts von einer solchen Arbeit weiß. Machen Sie weiter wie zuvor und geben Sie sich alle Mühe, uns zum Fluss zu führen. Dann sollten wir versuchen, die Freiwilligen zu treffen, so kommt es mir vor, wobei wir den armen Kenton wegen der vielen anderen vergessen Wer muss genau wissen, was hier passiert ist?

Ohne den Versuch eines Arguments, selbst wenn es mir gelungen wäre, eines zu finden, das unser Hin- und Herreisen rechtfertigen würde, wie wir es getan hatten, folgte ich seinem Vorschlag.

Entweder waren wir in südlicher Richtung bis zu einer scharfen Biegung des Flusses gereist, oder wir befanden uns viel tiefer im Wald, als es mir zunächst möglich erschien, denn wir verbrachten eine ganze Stunde damit, uns durch das verworrene Unterholz zu bewegen, jetzt langsam, weil von der Notwendigkeit der Stille, und wir drängten wieder so schnell voran, wie wir es für sicher hielten, und erst nach Ablauf dieser Zeitspanne erreichten wir das Ufer des Baches.

Dass ich mich völlig umgedreht hatte, bewies die Strömung des Flusses, denn ohne einen solchen Beweis wäre ich nach Süden gegangen und hätte geglaubt, ich würde nach Norden gehen.

„Das Kanu muss über uns sein", sagte Paul, als wir anhielten, „und wenn man dem Ufer folgt, sollte es möglich sein, darauf zu gelangen."

Dies erschien mir nicht mehr als vernünftig, und Hoffnung erfüllte mein Herz erneut, als ich am Ufer entlang voranging und mich jetzt mit größerer Vorsicht bewegte, weil es wahrscheinlicher war, dass wir auf den Feind stoßen würden.

In der Dunkelheit sah ein Ort wie der andere aus, und doch kamen wir vor Mitternacht an einer Stelle an, an der ich fest davon überzeugt war, dass der Unterstand zurückgelassen worden war.

Paul war derselben Meinung und ging sogar so weit zu erklären, dass er beim Betreten des Ufers den Gummibaum bemerkt hatte, in dessen Nähe wir während der Beratung standen.

Ich war geneigt, genauso zu glauben wie er, doch die Tatsache, dass das Kanu nicht gefunden werden konnte, ließ mich glauben, dass wir uns beide geirrt hatten.

„Das kann sicherlich nicht der richtige Ort sein", argumentierte ich, „denn niemand außer Simon Kenton hätte in der Dunkelheit auf das Kanu stoßen können, und wenn er uns nicht finden würde, würde er eine gewisse Zeit auf unsere Rückkehr warten."

„Das kann man nicht positiv sagen", antwortete Paul, „denn der Pfadfinder ist sich darüber im Klaren, dass die Sicherheit der Freiwilligen in gewissem Maße von ihm abhängt und unser Leben im Vergleich zu so vielen Menschen, die hierherkommen, nur von geringem Wert sein würde." Fluss."

„Dann glauben Sie, er war hier und ist mit dem Boot weggefahren?" Ich fragte.

„Das tue ich, denn der Gummibaum kommt meinen Augen so vertraut vor, wie es in einer so dunklen Nacht wie dieser nur sein kann."

Ich war von der Möglichkeit überwältigt. Wenn das wahr wäre, was Paulus mit solcher Gewissheit erklärte, würden wir dann zwei Jungen allein am Ufer des Flusses inmitten eines wilden Feindes zurückgelassen, um uns auf den Weg zurück nach Corn Island zu machen, oder, was eine weitaus schwierigere und gefährlichere Aufgabe wäre, um weiter bis zur Mündung des Tennessee River zu fahren.

Indem wir zurückgingen, sollten wir die Tatsache meiner Torheit verkünden und beweisen, dass ich ein Junge war, dessen Unwissenheit einem Verbrechen nahekam; während es kaum weniger schien, als unser eigenes Leben zu opfern, um voranzukommen.

Etwas davon sagte ich zu Paul, und er antwortete wie der aufrichtige, mutige Junge, der er war:

„Es ist besser, seine Unwissenheit anzuerkennen, als zu versuchen, Geheimhaltung auf Kosten des Lebens zu erkaufen. Wenn wir einen Fehler gemacht haben, warum geben wir ihn dann nicht zu?"

Ich hatte mir eingebildet, dass Simon Kenton bereit war, mich als Späher mitzunehmen, und hatte das Gefühl, dass fast alles besser sei, als zurückzukehren, und doch wusste ich, dass es meine Pflicht war, flussaufwärts vorzudringen, um diejenigen zu warnen, die das wollten Wir stiegen ab, weil wir noch nicht sicher waren, ob der Späher das Boot mitgenommen hatte.

Kenton könnte ein Gefangener in den Händen der Wilden sein, und in einem solchen Fall war es von größter Bedeutung, dass Major Clarke und seine Freiwilligen die Fakten kennen.

Nicht ohne einen schweren mentalen Kampf beschloss ich, meinen Stolz zu unterdrücken und Pauls Rat zu befolgen; Aber sobald ich mich für eine Vorgehensweise entschieden hatte, wollte ich sie unbedingt weiterverfolgen.

Die Vorsicht befahl uns, bis zum Tagesanbruch zu warten; aber ich glaube wirklich, dass es mich wild gemacht hätte, an diesem Ort untätig zu bleiben und nur an meine Torheit zu denken, und jetzt, als wir das Kanu verließen, fuhr ich mit nur einer Idee im Kopf weiter; aber glücklicherweise behalten wir so viel gesunden Menschenverstand bei, dass wir auf der Hut sein müssen, um während der Reise möglichst viele Informationen zu erhalten.

Je weiter wir flussaufwärts weitergingen, desto fester wurde ich davon überzeugt, dass unser letzter Rastplatz an der Stelle war, an der das Kanu zurückgelassen worden war, denn wir sahen keine andere so vertraute Vertiefung am Ufer, und nun war die wichtige Frage gelöst Ich dachte darüber nach, ob Simon Kenton sich im Unterstand eingeschifft hatte oder ob die Indianer sie weggetragen hatten. Dieser letzte Vorschlag erschien mir so unwahrscheinlich, dass ich ihm kaum einen Platz in meinen Gedanken einräumte.

Wir fuhren immer weiter, mit einer Geschwindigkeit von nicht mehr als zwei Meilen pro Stunde, weil wir gezwungen waren, uns lautlos fortzubewegen, und gleichzeitig den Plan ausführten, herauszufinden, ob sich möglicherweise Feinde in der Nähe befanden, und das geschah auch Bei Tagesanbruch, als wir, wie ich glaubte, nicht weniger als drei Stunden unterwegs waren, wurde unser Vorankommen aufgehalten, als wir plötzlich auf eine Gruppe Wilder trafen, von denen die meisten schliefen.

Es war eher Zufall als Weisheit, der uns daran hinderte, direkt auf sie zu stoßen und dadurch unsere eigene Gefangenschaft oder unseren Tod sicherzustellen.

Ich war an der Spitze, wie Paul darauf bestanden hatte, und meine Gedanken waren eher mit Spekulationen über Simon Kenton beschäftigt als mit der Arbeit, die vor mir lag, als ein Geräusch, als würde jemand schnarchen, meine Schritte stoppte.

Ich war nur ein Dutzend Schritte von den Wilden entfernt stehen geblieben und konnte dort, wo das Unterholz am dünnsten war, die Gestalt eines mit Federn geschmückten Tieres erkennen, das offenbar auf der Hut an einem Baum lehnte.

Noch ein Dutzend Schritte und wir waren direkt auf ihnen.

Ich drehte mich schnell um und legte meine Hand auf Pauls Mund, damit er nichts sagen konnte, obwohl der Junge sich als ein besserer Grenzgänger erwiesen hatte als ich, und diese meine Bewegung verriet ihm die nahe bevorstehende Gefahr.

Vielleicht zwanzig Sekunden lang standen wir beide da und spähten in die Dunkelheit, konnten nur erfahren, dass hier nicht weniger als zwanzig Indianer lagerten, und dann drehten wir uns schweigend wie Schatten um, denn unser Leben hing von der Bewegung ab Schritte, bis dreißig Meter oder mehr zwischen uns und den schlafenden Mördern lagen.

Dann flüsterte ich meinem Kameraden ins Ohr:

„Wir müssen hier einen Umweg machen, damit diese Bestien nicht unseren Aufenthaltsort erfahren. Behalten Sie also die Richtung des Flusses im Auge.“

„Rechnen Sie damit, weiterzumachen, ohne zu erfahren, ob Simon Kenton zu den Wilden gehört?“ fragte er, und eine Flut von Scham überkam mich, als mir klar wurde, dass meine eigene Gefahr dazu geführt hatte, dass ich den Späher zu einem Zeitpunkt vergessen hatte, als sein mögliches Schicksal im Vordergrund hätte stehen sollen.

Tatsächlich hätte Paul Sampson der Anführer und ich sein bescheidener Anhänger sein sollen.

Ich war von seiner Nachdenklichkeit und meiner eigenen Dummheit so beschämt, dass ich ihm vorgeschlagen hätte, das Lager zu erkunden, aber einen Augenblick später wurde mir klar, dass solch eine gefährliche Arbeit von mir durchgeführt werden sollte, und sei es aus keinem anderen Grund, als dass ich für meine Vergangenheit büßen könnte Torheit, flüsterte ich:

„Bleib hier, während ich vorwärts gehe.“

„Warum sollte ich nicht folgen? Wenn Kenton nicht da ist, können wir weitermachen und so die Zeit sparen, die Sie für die Rückkehr zu mir aufwenden würden.“

Wieder hatte er recht, und wieder war ich dumm.

Nun, wir taten, was er vorschlug, und kein Junge an der Grenze hätte bessere Arbeit leisten können als dieserselbe Paul, der erst kürzlich aus dem Osten kam.

Indem wir so lautlos um die schlafenden Schurken herumgingen, dass die scharfäugigen Beobachter nicht beunruhigt waren, bekamen wir einen Blick auf die Bestien, wie man ihn in der Dunkelheit nur haben konnte, und wenn eine halbe Stunde oder mehr mit der Arbeit verbracht wurde, könnte ich sagen Eine Wahrheit, dass Simon Kenton nicht von dieser Bande gefangen genommen wurde.

Es war eine große Erleichterung für mein Gemüt, und doch verstärkte es meine Schande nur, denn jetzt begann ich zu glauben, dass der Späher das Kanu weggenommen hatte und den Fluss hinauf oder hinunter gefahren war, je nachdem, was ihm am besten erschien wir zwei, die wir einen solchen Fehler begangen hatten wie unseren.

Das graue Licht drang durch das Laubwerk, als wir uns vom Feind entfernt hatten und die Reise einigermaßen sicher fortsetzen konnten.

Ich ging in schnellem Tempo weiter, um den größtmöglichen Abstand zwischen ihnen und uns zu schaffen, bevor der Tag ganz gekommen wäre; und die Sonne ging gerade auf, als wir eine Atempause einlegten.

Nun stellte ich fest, dass Paul über Kentons Aufenthaltsort im Großen und Ganzen die gleiche Vorstellung hatte wie ich, mit der Ausnahme, dass er behauptete, der Späher sei weiter flussabwärts gegangen, da er glaubte, eine zwanzigköpfige Gruppe würde kaum versuchen, drei oder vier schwer mit bewaffneten Booten beladene Boote aus dem Hinterhalt zu überfallen Männer.

„Eine solche Gruppe könnte großes Unheil anrichten, wenn sie aus dem Dickicht auf die Boote schießt", sagte ich, „und wenn Simon Kenton sie gesehen hat, bin ich sicher, dass er zurückgegangen ist. Wenn nicht, könnten wir ein wenig Kredit gewinnen, wenn auch kaum genug." um die Schande durch Rückkehr auszugleichen.

Wir wussten, dass die Freiwilligen mit der Reise beginnen würden, sobald der Tag anbricht. Daher sollte es innerhalb einer Stunde möglich sein, das vorderste Fahrzeug zu rufen, wenn wir in unserem besten Tempo unterwegs waren.

Auch die Indianer konnten sich in die gleiche Richtung bewegen, daher lag es an uns, so schnell wie möglich vorzurücken, und ich ging noch einmal in meinem besten Tempo voran.

Damit es nicht den Anschein erweckt, als hätte ich zu viel über das geschrieben, was wir getan haben, und zu wenig über die tapferen Männer, die im Begriff waren, ihr Leben zu riskieren, um die Siedler an der Grenze sicherer zu machen, wird dieser Bericht mit „Nein" gekürzt Wir erwähnten uns noch einmal, bis wir weit in der Ferne das erste der Flachboote sahen.

Während wir uns mit aller Geschwindigkeit auf den äußersten Teil des Punktes zubewegten, auf dem wir gerade standen, wedelten wir heftig mit den Armen und wagten nicht zu schreien, und das Fahrzeug war noch eine Viertelmeile entfernt, als wir es durch den Tumult sahen an Bord, dass unsere Signale gesehen und verstanden wurden.

Dann machten sich zwei Männer in einem Kanu auf den Weg und paddelten dem unhandlichen Flachboot voraus, damit es nicht umdrehen musste, und innerhalb verhältnismäßig kurzer Zeit wurden wir zu dem größeren Boot gebracht, auf dem sich befand Major Clarke wollte unbedingt erfahren, warum wir zurückkamen.

Ich hatte keine Lust, mich abzuschirmen, obwohl ich genau wusste, dass ich in den Augen der Männer, die die Geschichte hörten, fast ein Verbrechen begangen hatte, als ich das Kanu verlassen hatte, während Simon Kenton an

Land war. Die ganze Geschichte wurde vorbehaltlos erzählt, und dann freute ich mich über die Worte des Majors:

„Vielleicht ist es ein Glück, dass Sie die Rolle eines dummen Jungen gespielt haben. Sicher ist, dass Simon Kenton eine solche Gesellschaft, wie Sie sie an Land gesehen haben, nicht missachtet hätte. Es muss sein, dass er sie entweder nicht gefunden hat oder auf eine andere gestoßen ist." Band. Es liegt in unserer Hand, für die Gruppe der Reptilien zu sorgen, damit sie nicht auf dem Weg nach Corn Island sind und dort über die Frauen und Kinder herfallen."

Nachdem er dies gesagt hatte, gab er den Männern bestimmte Befehle, und ohne Verzögerung wurden die langen Kehrbewegungen ausgeführt, bis das schwere Fahrzeug dicht an das Westufer gezwungen wurde, wo es festgemacht wurde.

Dann wurden dreißig oder mehr an Land beordert, und der Major ging mit ihnen, nachdem er uns Jungs die Erlaubnis gegeben hatte, ihnen zu folgen.

„Das werden wir tun, Sir", sagte ich, „wenn wir als Vorreiter gebraucht werden."

„Wir wären arme Grenzbewohner, wenn wir eurer Spur nicht folgen würden, Jungs", sagte Major Clarke mit einem Lächeln. „Du sollst tun, was du willst."

Jetzt hätte es mir besser gepasst, in Sicherheit an Bord des Plattbootes zu bleiben, aber es bestand die Möglichkeit, dass ich jetzt meinen Wunsch zeigen könnte, das Unrecht wiedergutzumachen, und ich antwortete, als ob mein Herz voller Mut wäre:

„Wir sind vielleicht keine große Hilfe, Sir; aber es würde mir lieber sein, wenn wir bei der Arbeit mithelfen würden."

Daraufhin trat Paul dicht an meine Seite, als wollte er sagen, ich hätte nur die Gedanken ausgesprochen, die ihm durch den Kopf gingen.

So folgten wir beiden den Freiwilligen, wohlwissend, dass wir in einen Hinterhalt geraten könnten und sicher waren, dass wir bald mit unseren Feinden kämpfen würden.

Unter diesen Männern unter der Führung von Major Clarke gab es keinen, der nicht wusste, wie die vor ihm liegende Arbeit erledigt werden sollte. Es waren keine Befehle nötig.

Die Freiwilligen rückten im Abstand von zehn oder zwölf Schritten vor und zogen sich weit vom Fluss hinauf, bis sie das bildeten, was die Militärs eine „Gefechtslinie" nennen würden, und begannen dann mit dem Vormarsch, während das Flachboot am Ufer und zwei Siedler vertäut blieb paddelten mit voller Geschwindigkeit stromaufwärts, um die anderen Boote zu warnen.

Abgesehen von den stümperhaften Bewegungen von Paul und mir war kein Laut zu hören, als wir vorwärts drängten, scharf auf den Feind achtend und bereit für einen sofortigen Angriff.

Es war, als ob eine Schar von Schatten hier und dort im Unterholz hin und her huschte, soweit man es anhand der Geräusche erkennen konnte, und obwohl der Vormarsch geräuschlos verlief, erfolgte er schnell.

Paul und ich blieben etwas im Hintergrund, weil wir das Tempo nicht lautlos halten konnten, und mehr als die halbe Stunde, die verging, konnte ich keinen einzigen Mann vor uns sehen.

Dann plötzlich, obwohl wir genau wussten, dass es bald kommen würde, ertönte der Knall eines Gewehrs in der stillen Luft; Danach noch eins und eins, bis es keinen Zweifel mehr gab, dass die Spitze der Gruppe auf diejenigen gestoßen war, vor denen wir gewarnt hatten.

Meine Ängstlichkeit war augenblicklich vergessen – vergessen durch das Wissen, dass unser Leben verteidigt werden muss, und Paul, von dem ich glaube, dass er wirklich nie schüchtern gewesen war, drängte so schnell voran, um an dem Kampf teilzunehmen, den ich ergriffen hatte von ihm, damit er nicht unnötig in Gefahr gerät.

Wir rückten dreihundert Schritte oder mehr vor, bevor wir zu der Stelle kamen, wo unsere Männer hinter Bäumen Schutz suchten und versuchten, den Feind auszuschalten, der sich in ähnlicher Position befand, und ich hörte Major Clarke mit scharfer, leiser Stimme sagen:

„Geht in Deckung, Jungs! Die Reptilien sind dicht bei uns, und ihr stellt ihnen gute Ziele."

Ich sprang hinter einen Gummibaum, ohne auf Pauls Bewegungen zu achten, und hatte gerade erst diesen Unterschlupf erreicht, als eine Kugel die Rinde nur einen Zentimeter von meinem Gesicht entfernt durchschnitt.

Die Indianer waren kampfbereit, obwohl ich oft gehört hatte, dass sie in einem fairen Kampf niemals standhalten würden, und mir kam die Angst in den Sinn, dass Paul und ich möglicherweise nur einen Teil ihrer Streitmacht gesehen hatten – dass wir es möglicherweise waren konfrontiert mit einer großen Truppe unter der Führung britischer Offiziere.

Kapitel VII.
DER GEFANGENE SCOUT.

Für Sie, der Sie von Schlachten zwischen zwei Armeen gelesen und vielleicht daran teilgenommen haben, mag diese Begegnung an den Ufern des Ohio belanglos und uninteressant erscheinen, weil es keinen spannenden Bericht über diesen tapferen Angriff oder diese hartnäckige Haltung gibt einer Position.

Seit dem Tag, als dreißig Männer unter dem Kommando von Major Clarke einer unbekannten Anzahl von Indianern an den Ufern des Ohio gegenüberstanden und sie so zurückdrängten, dass ihnen nicht mehr der Mut fehlte, den mörderischen Plan auszuführen, den sie sich ausgedacht hatten für den Angriff auf die Wehrlosen auf Corn Island – seit diesem Tag, sage ich, hat dieses Land viel Krieg erlebt, und was für Paul Sampson und mich wie eine wahre Schlacht war, ist, noch während ich schreibe, als etwas zu Unbedeutendes in die Geschichte eingegangen um einer ausführlicheren Erwähnung würdig zu sein.

Für uns Jungs jedoch, die wir in der langen, verstreuten Schlange standen und wussten, dass unser Leben von unseren eigenen Anstrengungen abhing; Wissend, dass die unvorsichtigste Bewegung – ein einziger verschwendeter Augenblick, wenn der Abzug eines Gewehrs hätte gedrückt werden sollen – den Tod bedeuten könnte, war es ein Kampf, der so schwer und wichtig war wie jeder andere, der seit Anbeginn der Welt ausgetragen wurde, und das aus gutem Grund. weil unsere eigene Sicherheit auf dem Spiel stand.

In dieser Welt neigt man dazu, einem Ereignis in dem Maße, in dem es nur ihn selbst betrifft, Bedeutung beizumessen oder es abzuwerten, und deshalb können Paul und ich durchaus entschuldigt werden, wenn wir diesen Konflikt, der für sie alles bedeutete, in unserer Erinnerung hochhalten Menschen, die auf Corn Island auf unsere Bewegungen warteten, bevor sie mit dem Bau der Siedlung beginnen sollten, die seitdem als Louisville bekannt ist.

Ich kann davon nicht mehr erzählen als das, was ich gesehen habe, und ich wage zu behaupten, dass meine Erfahrung die gleiche war wie die aller anderen in der Reihe, denn niemand konnte seine Aufmerksamkeit auf das richten, was direkt vor ihm lag.

Tatsächlich handelte es sich bei diesem Kampf um nichts weiter, als hinter einem Eukalyptusbaum oder einer Kiefer zu stehen, je nachdem, zwanzig oder dreißig Schritte weit nach vorn und nach beiden Seiten zu blicken, in der Hoffnung, einen Blick auf ein Federbüschel zu erhaschen Das würde zeigen, wohin eine Kugel mit tödlicher Wirkung geschickt werden könnte, oder sich zurückziehen, wenn eine Bewegung des Laubs anzeigt, dass ein Gewehrlauf herausgeschoben wird, damit der Träger tödlich zielen kann.

Alltäglich klingt es, wenn man es in Worte fasst; Aber wenn jemand, der die Gelegenheit hat zu lesen, sich vorstellen kann, dass er sich in einer solchen Lage befindet und dass seine einzige Anstrengung darin besteht, sein eigenes Leben zu retten oder das eines anderen zu nehmen, kann er sich vielleicht eine ungefähre Vorstellung von der aufregenden Erregung machen, die mich wie ein Fieber überkam.

Hin und wieder waren von verschiedenen Stellen Stimmen zu hören, die denjenigen in dieser Reihe tapferer Männer, die im Moment vielleicht schwachsinnig waren, aufmunternde Worte zuriefen. Wieder und allzu oft ertönte ein Schmerzensschrei oder ein Ausruf der Wut, wenn die Kugel eines Wilden ins Fleisch gebissen hatte, und Major Clarke rief währenddessen diesem oder jenem Mann zu, während er von einem Aussichtspunkt auf ihn sprang der andere belebt jeden durch seine Worte und sein Beispiel.

In einer solchen Situation achten die Kombattanten nicht auf den Lauf der Zeit. Es gibt Intervalle, in denen jede Sekunde einem Dutzend Minuten entspricht, und dann wieder, in denen die Minuten scheinbar schneller vergehen, als man zählen kann.

Als ich einmal dem Baum den Rücken zugewandt hatte und wusste, dass mein Körper vollständig geschützt war, während ich mein Gewehr nachlud, beobachtete ich Paul, ruhig und gefasst wie der mächtigste Jäger unter uns. Wenn sein Ziel möglicherweise weniger wahr war als das einiger anderer, lag das nicht an Nervosität oder Angst um sich selbst. Er blieb standhaft wie ein Mann – ein Mann, der für den Schutz anderer kämpft und nicht für seine eigene Ehre oder den Schutz seines eigenen Lebens.

An diesem Morgen lieferte Paul Sampson den guten Beweis, dass er würdig war, zu den Verteidigern der Grenze gezählt zu werden, und zeigte, dass in ihm nichts von der Wankelmütigkeit seines Vaters zu finden war.

Der Knall seines Gewehrs ertönte genauso oft wie der der eifrigsten oder erfahrensten Soldaten in der Reihe, und ich weiß nicht, wie viel Hinrichtung er geleistet haben könnte; Sicher ist jedoch, dass ich nicht weniger als zwei Federbüschel gesehen habe, die sich krampfhaft erhoben und dann plötzlich außer Sichtweite gesunken waren, als seine Waffe auf sie abgefeuert worden war.

Ich sage, es ist in einer solchen Zeit unmöglich zu sagen, wie lange man seinem Feind gegenübersteht; aber später wurde gesagt, dass die Indianer der Schlacht fast eine Stunde lang standgehalten hätten, und dann kam die Nachricht von Major Clarke, dass sie zurückweichen würden.

Diese Information hatte die Art eines Befehls für uns, vorwärts zu gehen, und wir machten Fortschritte, indem wir von einem Schutzort zum anderen sprangen und den schwachen Feind durch Kugeln beschleunigten, die dorthin geschickt wurden, wohin das Schwanken des Laubwerks uns eines der Tiere verriet machte sich auf den Weg.

Als wir so langsam vierzig oder fünfzig Schritt weit vorgerückt waren, kam ich an die Stelle, wo die bemalte Mannschaft Stellung bezogen hatte, und sah dort einen guten Beweis dafür, was wir erreicht hatten.

Nicht weniger als vier Körper lagen leblos auf dem Boden, und meine Schüchternheit kehrte in gewissem Maße zurück, als mir bewusst wurde, dass sich in meiner Nähe möglicherweise ein Wilder befand, der vielleicht gerade dabei war, auf mich zu zielen, so schwer verwundet, dass er sich den seinen nicht anschließen konnte Kerle in etwas, das kaum weniger als ein Flug geworden war.

Wir rückten von einem Schutzort zum anderen vor und feuerten schnell –
Seite 142. *An der Grenze zu Kentucky.*

In diesem Moment waren wir durch solche Wilden einer größeren Gefahr ausgesetzt als durch diejenigen, die körperlich noch gesund waren; Aber als die Zeit verging und ich weder den Stich einer Kugel noch den brennenden

Schnitt eines Messers spürte, kam mein Mut wieder zurück, bevor die Menschen um mich herum merkten, dass ich der Feigheit nahe gewesen war.

Wir rückten vor und sprangen von einem geschützten Ort zum anderen, bis sich entlang der Linie die Nachricht verbreitete, dass der Rest des Feindes die Flucht ergriffen hatte und nicht länger versuchte, sich zu schützen, und der Kampf vorbei war, bis auf die eifrigen weißen Männer, die verfolgt in der Hoffnung, noch mehr Indianerblut zu vergießen.

Major Clarke gab den Befehl, dass seine Truppe sich auf das Boot zurückziehen sollte. Er befahl vier Männern, das Dickicht nach Leichen der Wilden abzusuchen, damit wir wissen könnten, wie viele gefallen waren, und der Rest der Gruppe, bis auf zwei oder drei, die so weit voraus waren, dass sie den Befehl nicht gehört hatten, kehrte dorthin zurück, wo das Flachboot vertäut war.

Es kam mir in den Sinn, Paul dafür zu gratulieren, dass er im Einsatz war und unverletzt davongekommen war, in der Überzeugung, dass ein Junge wie er, der sich zum ersten Mal in seinem Leben gegen den Feind gewehrt hatte, bereit sein würde, lobende Worte zu hören, oder , zumindest die spannenden Ereignisse besprechen.

Aber der Junge, den ich als unwissend angesehen hatte, weil er nie an der Grenze gelebt hatte, beschämte mich nun durch seine Taten.

Anstatt seine Zeit mit nutzlosen Worten zu verschwenden, begann Paul, sein erhitztes Gewehr zu reinigen und sich auf andere Weise in die Lage zu versetzen, einen ähnlichen Dienst zu leisten, falls die Gelegenheit es plötzlich erfordern sollte.

Beschämt über sein ruhiges und männliches Verhalten blieb ich ruhig und folgte seinem Beispiel, und als die letzten Verfolger zum Plattboot zurückgekehrt waren, waren wir beiden Jungs bereit, an einer weiteren Begegnung teilzunehmen.

Diejenigen, die beauftragt worden waren, herauszufinden, wie viel Schaden wir dem Feind zugefügt hatten, berichteten, dass vierzehn Tote oder Schwerverwundete im Dickicht lagen, und Major Clarke fragte uns noch einmal nach der wahrscheinlichen Zahl, die wir im Lager gesehen hatten.

Ich war mir ebenso wie Paul sicher, dass es nicht mehr als dreißig gewesen sein konnten, während es vernünftiger war, anzunehmen, dass die Bande weniger als zwanzig zählte, und der Major behauptete, wir könnten sicher sein, dass keine Gefahr mehr bestehe von dieser besonderen Bande von Rohlingen gefürchtet.

Während wir im Dickicht kämpften, waren die anderen Flachboote flussabwärts gekommen, hatten umgedreht und neben dem ersten Fahrzeug festgemacht; aber aufgrund der Befehle unseres Anführers war kein Mann an Land gegangen, um an der Schlacht teilzunehmen.

Nun waren wir bereit, die Reise fortzusetzen, und der Major sagte zu Paul und mir, als wir wieder an Bord waren und uns von der Strömung treiben ließen:

„Ich gebe zu, dass es ein glückliches Missgeschick für euch Jungs war, Simon Kenton aus den Augen verloren zu haben, sonst hätten wir aufgefordert werden müssen, eine bestimmte Anzahl von Toten aus der Truppe zu begraben, anstatt nur vier leicht verwundete zählen zu müssen. Hatte Als diese Gruppe von Reptilien aus dem Dickicht auf uns feuerte, als wir vorbeizogen, müssen viele Menschen ihr Leben verloren haben. Deshalb bin ich davon überzeugt, dass Sie uns gleich zu Beginn der Reise einen guten Dienst erwiesen haben.

„Aber wo kann Simon Kenton sein?“ Ich fragte.

„Ich ziehe am ehesten den Fluss hinunter und glaube, dass du gefangen genommen wurdest, während er die anderen Mitglieder dieser Bande ausspionierte. Wir werden ihm begegnen, bevor viele Tage vergangen sind, es sei denn, er hält es für nötig, zurückzukommen, um das zu holen Zweck, uns zu warnen.

Wenn der Major angedeutet hätte, dass Simon Kenton in diesem Moment ein Gefangener unter den Wilden sein könnte, hätte ich die größte Sorge um seine Sicherheit verspürt; Aber hier war ein Mann, der mehr Erfahrung an der Grenze hatte als der Älteste unter uns, und der über den Späher sprach, als ob es unmöglich gewesen wäre, dass ihm eine Gefahr drohte, und welche Befürchtungen ich vorher auch gehabt haben mochte wurden schnell besänftigt.

Jetzt fing ich an, die Fahrt flussabwärts zu genießen. Wir hatten nichts weiter zu tun, als gemütlich zu sitzen, während die schnelle, starke Strömung uns unserem Ziel entgegentrieb, und das Reisen war äußerst angenehm, vor allem, weil ich es nicht mehr für nötig hielt, mir selbst die Schuld zu geben, das Kanu rechtzeitig verlassen zu haben sind bei ihr geblieben.

Simon Kenton selbst würde mich dafür tadeln, dass ich das getan habe; aber nachdem er wusste, wie viel Gutes daraus hervorgegangen war, konnten seine tadelnden Worte nicht schwerwiegend sein.

Mit solchen Gedanken tröstete ich mich und achtete schließlich auf nichts anderes als das, was angenehm war.

Als es Mittag wurde, teilten Paul und ich die Vorräte unserer Begleiter und lagen, nachdem die Mahlzeit zu Ende war, ausgestreckt im hinteren Teil des Bootes und beobachteten das Panorama, das sich vor uns ausbreitete.

Man darf nicht annehmen, dass die Männer es versäumten, auf mögliche Gefahren zu achten, während die Boote so träge dahintrieben.

An beiden Ufern wurde strenge Wache gehalten, und wenn es notwendig wurde, eine Landzunge zu umrunden oder an einer winzigen, von Bäumen gesäumten Bucht vorbeizukommen, in der der Feind lauern und einen Kugelhagel auf uns abfeuern konnte, wurden die schweren Fahrzeuge auf die größtmögliche Entfernung gezwungen der Ort der Gefahr, während jeder Mann mit dem Gewehr in der Hand dastand und bereit war, einen Angriff abzuwehren oder eine Salve zu erwidern.

Es war uns nicht erlaubt, uns mit Stimmen zu unterhalten, die lauter als ein Flüstern waren, und diejenigen, die die schweren Kehren bearbeiteten, achteten darauf, dies möglichst geräuschlos zu tun, denn wir wussten genau, dass der Feind an beiden Ufern lauerte, und hatten große Sorge wurde unternommen, um nicht von unserem Vorgehen Kenntnis zu nehmen.

Als der Tag sich dem Ende näherte, durften die Boote näher zusammenrücken, und schließlich, als die Nacht so nahe war, dass die Schatten am Ufer immer dichter wurden, gab Major Clarke durch Gesten das Zeichen, dass wir holen sollten bis zum Morgen wach.

„Sollen wir über Nacht an der Bank liegen?" Paul fragte, und da ich nicht in der Lage war, darauf zu antworten, wandte ich mich an den Mann in meiner Nähe, der so etwas sagte, als hielte er die Frage für dumm:

„Ich gehe davon aus, dass nach Sonnenuntergang kein Bootfahren mehr stattfinden wird, es sei denn, es besteht ein großer Bedarf. Diejenigen, die gerade diesen Fluss hinuntertreiben, sollten dies am besten tun, wenn sie eine gute Sicht auf beide Ufer haben, und Major Clarke hat das auch." nicht der Mann, der unnötige Risiken eingeht.

„Die Wilden können im Dunkeln nicht mehr Unheil anrichten als wenn die Sonne scheint", sagte Paul leise.

„Da stimme ich dir nicht zu, mein Junge. Bei dem Licht können wir so viel geben, wie sie schicken; aber nach Einbruch der Dunkelheit, wenn es keine Chance mehr gibt, die Reptilien zu sehen, haben sie die Oberhand. Wie auch immer, Unsere Meinung zu dieser Angelegenheit wird beim Major kein großes Gewicht haben, und Sie werden feststellen, dass wir etwa um diese Zeit jeden Tag nach einem Ort zum Anhalten suchen werden.

Das Boot, in dem wir segelten, war das vorderste der Flotte, und während der Mann noch sprach, arbeitete die Mannschaft an den Kehrmaschinen, bis sie unter dem Ufer landete, gefolgt von den anderen, und in weniger als einer halben Stunde lagen wir fest Nacht.

Nachdem dies geschehen war, bestand die erste Pflicht darin, herauszufinden, ob sich möglicherweise Feinde in der Nähe befanden, und es wurden sofort Späher ausgesandt, während der Rest der Kompanie sich daran machte, das Abendessen zu besorgen, oder, vielleicht sollte ich sagen, es zu essen. denn das Essen, das wir damals bei uns hatten, war bereits gekocht.

An eine unmittelbare Gefahr dachte ich nicht; Selbstverständlich erkannte ich, dass wir von Feinden umzingelt waren, aber nach der Schlacht am Morgen war ich zuversichtlich, dass der Feind auf eine respektvolle Distanz zurückgedrängt worden war.

Ich hatte aufgehört, an Simon Kenton zu denken, außer dass er in seinem besten Tempo den Fluss hinunter voranschritt und schimpfte, weil wir nicht bei ihm waren, um uns an der Arbeit zu beteiligen, und ich rechnete damit, die Nacht in Ruhe zu verbringen.

Zufällig saß Major Clarke ganz in der Nähe von Paul und mir, als der erste Kundschafter zurückkam, und die Informationen, die er brachte, reichten aus, um jeden Mann an Bord von allen Gedanken an Untätigkeit zu vertreiben.

Aus der Geschichte, die wir hörten, ging hervor, dass dieser Späher, als er auf der gegenüberliegenden Seite des Flusses, eine Meile unterhalb unseres Lagerplatzes, ein schwaches Leuchten wie ein Licht sah, ein Kanu vom nächsten Flachboot genommen hatte und hinüberpaddelte.

Dort kroch er, nachdem er gelandet war, lautlos hundert Meter oder mehr vom Ufer entfernt durch das Laubwerk, bis er etwas sah, was mir zumindest erklärte, warum Paul und ich den Unterstand nicht fanden, als wir nach unserem törichten Trampelpfad zurückkehrten.

Eine Gruppe von fünfzig Indianern, höchstwahrscheinlich ein Teil derselben Bande, die wir an diesem Morgen ausgepeitscht hatten, hatte angehalten, um einen Gefangenen zu Tode zu foltern, und dieser Gefangene, so erklärte der Mann, sei kein anderer als Simon Kenton.

Er war auch voreilig und dumm gewesen, als er an Land ging, um nach Informationen zu suchen, und ungefähr zu der Zeit, als wir die Berichte über die Schusswaffen hörten, musste er gefangen genommen worden sein.

Auch wenn ich bei der Vorstellung, dass diejenigen, die zu Hilfe kommen würden, zu spät kommen könnten, schauderte, dachte ich mit einer gewissen Erleichterung, dass er uns jetzt nichts vorwerfen konnte, weil wir unseren Posten aufgegeben hatten.

Wären wir im Kanu geblieben, wie wir es hätten tun sollen, dann wären wir höchstwahrscheinlich mit ihm gefangen gewesen, und die Flachboote, die durch die Schlacht nicht aufgehalten worden waren, könnten zu diesem Zeitpunkt für ihre Insassen zu weit flussabwärts sein Hilfe zu leisten.

Es versteht sich von selbst, dass diese Nachricht sofort bekannt wurde und Vorbereitungen für die Rettung getroffen wurden, und während die Männer abgewiesen wurden, denn Major Clarke hatte nicht die Absicht, mehr als eine halbe Kompanie mitzunehmen, sagte Paul leise zu mir, als ob es gab nichts, was mich aufregen oder beunruhigen könnte:

„Natürlich ist es unser Recht, bei der Rettung des Pfadfinders zu helfen."

„Hier gibt es viele andere, die einen besseren Dienst leisten könnten als wir", antwortete ich und freute mich nicht über eine zweite Begegnung.

Wenn Paul und ich allein im Dickicht gewesen wären und die einzigen gewesen wären, die Simon Kenton helfen könnten, dann wäre es mir nie im Traum eingefallen, uns zurückzuhalten; Aber hier waren fast vierhundert Männer, alle mit mehr Erfahrung in solch blutigen Geschäften als er oder ich, und es war nur eine Frage des Willens, der uns in den Konflikt hineinziehen würde.

„Wir sind mit ihm von Corn Island aus aufgebrochen und sollten die Ersten sein, die ihm zu Hilfe kommen", sagte Paul, als ob die Angelegenheit bereits in seinem Kopf geklärt wäre und ich sofort verstand, dass er sich an Major Clarke wenden würde Erlaubnis, sich der Truppe anzuschließen, unabhängig davon, ob ich bereit war, ihn zu begleiten oder nicht.

Es hätte mich zutiefst beschämt, wenn Simon Kenton noch am Leben gewesen wäre, als die Gruppe ihn erreichte, und mich mit meinem Kameraden nicht gesehen hätte. Deshalb sprang ich sofort auf, als wäre ich begierig auf eine weitere Schlacht, und gemeinsam näherten wir uns dem Kommandanten.

„Es ist unser Wunsch, Sir, an der Rettung teilzunehmen", sagte Paul bescheiden. „Wir waren seine Kameraden und sollten die Ersten sein, die ihm zu Hilfe kommen."

Dann war es Major Clarke, der fast die gleiche Antwort gab wie ich, nämlich dass es besser wäre, wenn die älteren Männer die Hauptlast der Angelegenheit auf sich nehmen würden; aber Paulus hielt grimmig an seinem Vorhaben fest, indem er wiederholte:

„Es ist unsere Pflicht, Sir, und ich glaube, dass es unser Recht ist."

Ich war nicht geneigt, dass er der Einzige sein sollte, der Mut und den Wunsch zeigte, Simon Kenton zu helfen, deshalb sagte ich, wobei ich so viel Wunsch in meinen Tonfall wie möglich legte:

„Ich bitte Sie, Sir, dass wir der Partei beitreten dürfen, schon allein deshalb, weil der Späher unser Kamerad war.“

„Es soll so sein, wie ihr es sagt, Jungs“, antwortete Major Clarke; „Aber ich warne Sie davor, sich zu sehr auf solche Auseinandersetzungen einzulassen. Ein Angriff in der Nacht mag zwar manchmal weniger gefährlich sein als tagsüber, wird sich aber wahrscheinlich als weitaus gefährlicher erweisen.“

Der Major hätte mich vielleicht davon überzeugen können, dass es meine Pflicht sei, an Bord des Flachbootes zu bleiben; aber Paul Sampson war ebenso eigensinnig, als er sich einmal entschlossen hatte, wie ruhig er sich benahm, und ich verstand, ohne dass es der Notwendigkeit von Worten bedurfte, dass er sich nicht von seinem Vorhaben abbringen lassen würde.

Man kann durchaus annehmen, dass nach der Bekanntgabe dieses Wortes jeder Mann gebührend auf Schweigen achtete, denn sollten die Wilden, die sich bereit machten, den Gefangenen zu foltern, entdecken, dass wir in der Nähe waren, würde Simon Kentons Tod schnell folgen.

Jeder Versuch, mit einem der großen Flachboote das gegenüberliegende Ufer zu erreichen, wäre Torheit, deshalb wurden alle Unterstande, die wir schleppten oder an Bord trugen, in eine Reihe gebracht, und die für das Unternehmen ausgewählten Männer kletterten hinein, Paul und ich unter den anderen.

Zu meiner Überraschung durften die Boote nun, anstatt direkt über den Fluss zu fahren, auf der gleichen Seite hinuntertreiben, auf der die schweren Boote vertäut waren, und zwar im Schatten der Bäume, und das erst, als wir eine Meile oder mehr tiefer waren Dort, wo angeblich die Indianer Halt gemacht hatten, wurden Versuche unternommen, die Stelle zu überqueren.

Als wir die gegenüberliegende Seite erreicht hatten, waren wir ganze zwei Meilen flussabwärts und mussten noch eine größere Entfernung von der Stelle zurücklegen, um Kenton zu retten.

Hier landeten wir, Major Clarke und einer der älteren Männer übernahmen die Führung, während der Rest im Gänsemarsch folgte.

Paul und ich befanden uns in der Mitte der Schlange, und da es strikte Anweisung gegeben hatte, kein Wort zu sagen, drückte er von Zeit zu Zeit meinen Arm, als wollte er auf diese Weise die Gedanken mitteilen, die ihm in den Sinn kamen.

Ich konnte mir nicht vorstellen, was er denken könnte; Aber ich wusste, dass es eine sehr unangenehme Tatsache war, dass wir jeden Moment in einen Hinterhalt geraten könnten, denn niemand konnte mit Sicherheit sagen, dass die Indianer unser Kommen nicht bemerkt hatten.

Während dieser zwei Meilen langen Wanderung in völliger Dunkelheit litt ich mehr als in der Nacht zuvor, als es so aussah, als sei Pauls Schicksal und das meine besiegelt.

Als wir dem Ort der Folter so nahe kamen, dass das Licht der Feuer, die rund um den Baum, an den der Gefangene gefesselt war, entzündet worden waren, deutlich zu sehen waren, aber durch das Laubwerk vor der Sicht auf den Fluss geschützt waren, schlug und klopfte mein Herz bis dahin Es kam mir so vor, als wäre ich so nervös geworden, als müsste der Lärm die bemalte Crew warnen, die um ihr beabsichtigtes Opfer tanzte.

Flüsternd gab Major Clarke den Befehl, dass sich die Männer trennen und in einem Abstand von sechs Schritten voneinander vorwärts schleichen sollten, bis wir die mörderische Bande zur Hälfte eingekreist hatten, und dann sollte jeder in Alarmbereitschaft sein und feuerbereit sein, wenn der … Der erste Bericht über das Gewehr des Kommandanten war zu hören.

Auf diese Weise glaubte man, dass die Hälfte der Wilden beim ersten Feuer getötet werden würde und der Rest, überrascht, auf der Flucht Schutz suchen würde.

Als Paul und ich näher beieinander blieben, als es die Befehle erlaubten, und den Wilden so nahe kamen, wie es mit Sicherheit möglich war, hatten wir den unglücklichen Kenton im Blick.

Ich hatte keinen Zweifel daran, dass die Indianer ihn als jemanden erkannten, der ihnen in der Vergangenheit nicht wenig Schaden zugefügt hatte, denn sie bereiteten sich darauf vor, seine Folterungen aufs Äußerste auszudehnen. Scharfe Holzsplitter wurden nach Art von Speeren gebrauchsfertig gemacht, damit Messer nicht zu schnell den Tod herbeiführen könnten, und die bemalte Mannschaft umkreiste ihn bereits dicht, als, wie ich aus dem, was mir die anderen erzählt hatten, wusste, Bevor die Feuer angezündet wurden, die sein Fleisch verbrennen sollten, würde er mit tausend oberflächlichen Wunden zerschnitten und verstümmelt werden.

Ein mutiger Mann war Simon Kenton, und so zeigte er sich in diesem Moment, als er keine Hoffnung mehr hatte, dass Hilfe in der Nähe war.

Er war fast nackt ausgezogen, damit die mörderischen Wölfe sehen konnten, wo sie zuschlagen mussten, ohne sich allzu schwer zu verletzen. Er blickte sie mit etwas an, das fast einem Lächeln auf dem Gesicht ähnelte, während das Blut bereits aus winzigen Schnittwunden an seinem Körper herunterfloss, und ich Er verstand, dass er nie einen Schmerzensschrei über die Lippen bringen konnte, egal, wie sehr ihn die Qual überkam.

Paul kroch näher und packte mich krampfhaft am Arm, und ich wusste, dass der Junge am meisten für den Gefangenen empfand, da ich vollkommen verstehen konnte, was die Gedanken des Gefangenen gewesen sein mussten, denn hatte er nicht dieselbe Position eingenommen?

Ich hatte mein Gewehr ausgerichtet und auf den Indianer gezielt, der Simon Kenton am nächsten stand, und war entschlossen, dass die Kugel ihr Lager finden sollte, als der scharfe Knall von Major Clarkes Waffe zu hören war und ein tanzender Wilder mit einem Schmerzensschrei zu Boden fiel Trotz.

Sofort wurden ein halbes Hundert Gewehre abgefeuert, und es kam mir so vor, als würden alle gefiederten Köpfe gesenkt, woraufhin die Szene durch schwefelhaltige Rauchwolken unsichtbar wurde.

KAPITEL VIII.
BEIM RENDEZVOUS.

Noch bevor sich der Rauch so weit verzogen hatte, dass ich die Gefangenen sehen konnte, stürmten unsere Leute vorwärts und luden im Laufen nach, und zwei oder drei Minuten lang war die Verwirrung so groß, dass ich nicht erkennen konnte, was vor sich gehen mochte.

Paul und ich waren mit den anderen nach vorn gestürmt, und für mich richteten wir unsere Schritte instinktiv auf den Gefangenen, der an Händen und Füßen so gefesselt war, dass ich frage mich, ob er einen von beiden hätte bewegen können Gliedmaßen um Haaresbreite.

Die Wirkung des Feuers war nicht so tödlich, wie ich zunächst angenommen hatte. Mehr als einer der Wilden musste zu Boden gefallen sein, um unser Ziel zu verunsichern, wie ich jetzt verstand, als ich sah, dass nicht mehr als fünf ausgestreckt auf dem Boden in der Nähe des Gefangenen lagen.

Der Rest hatte eine kurze Strecke zurückgelegt, und zwei unserer Männer fielen im Vorwärtsrennen zu Boden, während ich bei zwei anderen Blutflecken auf den Hemden sah.

„Wir müssen in den Unterschlupf!" Ich schrie Paul zu, wich von dem Kurs ab, den wir beim Sprechen eingeschlagen hatten, und ergriff seinen Arm, um ihn zu zwingen, dasselbe zu tun.

Der tapfere kleine Junge hatte jedoch keine Ahnung, dass Simon Kenton den bemalten Rohlingen ausgeliefert sein sollte. Es war vernünftig anzunehmen, dass sie ihn erschießen würden, anstatt eine Rettung zuzulassen, und Paul war fest entschlossen, ihn unter Gefahr seines eigenen Lebens zu retten.

Er löste seinen Arm aus meinem Griff, zog fast im selben Augenblick sein Jagdmesser und rannte weiter auf den Baum zu, an den der Späher gefesselt war, und unwillkürlich folgte ich ihm; aber man sollte mir diese Tat nicht zuschreiben, da ich mir meiner eigenen Bewegungen kaum bewusst war.

Hier, dort und überall um uns herum erklangen, so schien es mir, Gewehrschüsse, und jede Waffe wurde mit tödlicher Zielgenauigkeit gehalten.

Es war, als ob die Luft voller tödlicher Raketen wäre, und doch berührte uns keines von ihnen, als wir über das nun offene Gebiet rasten, da sich sowohl Weiße als auch Wilde in den nächsten Unterschlupf zurückgezogen hatten.

Paul war der Erste, der den Gefangenen erreichte, und mit jubelndem Schrei begann er, auf die Riemen aus Hirschleder einzuhacken, mit denen der arme Kerl gefesselt war.

„Ihr seid Jungs nach meinem Herzen!" Simon Kenton weinte, seine Stimme klang klar und deutlich, selbst über das Geschrei der Kämpfer und das Rasseln der Gewehre hinweg. „Wenn ich überlebe, ist es vielleicht möglich, euch beiden für die Arbeit dieser Nacht zu bezahlen!"

Seine Worte vertrieben die Furchtsamkeit aus meinem Herzen, und bevor er aufhörte zu sprechen, half ich Paul dabei, die Riemen mit so viel Eifer zu durchtrennen, als wäre es eher meine Idee als seine gewesen, solch eine gefährliche Arbeit zu leisten.

Die Wilden begannen auf uns zu schießen, in der Hoffnung, unser Vorhaben zu vereiteln und vielleicht gleichzeitig den Gefangenen zu töten, woraufhin unser Volk ein so schnelles und mörderisches Feuer eröffnete, dass kein einziger befiederter Kopf sich zu zeigen wagte In vergleichsweise kurzer Zeit rannte Simon Kenton steif auf die nächste Schutzhütte zu.

Er war so lange in einer Position gefesselt, dass seine Gliedmaßen nahezu hilflos waren; aber er schaffte es fast so schnell wie wir zwei Jungen konnten über den Boden und hob im Laufen ein Gewehr auf, das einem toten Indianer aus der Hand gefallen war.

Für mich war es, als hätte der Kampf gerade erst begonnen, als wir drei uns wieder an einem Ort relativer Sicherheit befanden und auf der Hut waren, einen Feind auszuschalten.

Paul und ich hatten ausreichend Munition, um den Späher mit allem zu versorgen, was er brauchte, um seinen Teil des Kampfes fortzusetzen, und als er hinter einem großen Gummibaum stand und gespannt nach einer Gelegenheit Ausschau hielt, die Beleidigungen, die er erlitten hatte, zu rächen, waren wir führte ein recht freundliches Gespräch.

„Was hast du gemacht, als der Morgen kam und ich nicht erschien?" fragte Kenton, worauf ich schnell antwortete, da ich dachte, dass die Gegenwart bei weitem die beste Zeit sei, die ich jemals haben würde, um meine Schuld einzugestehen.

„Nachdem eine Stunde vergangen war, machten wir uns auf die Suche nach Ihnen und konnten das Kanu bei unserer Rückkehr nicht finden."

Dann erzählte Paul höchstwahrscheinlich, da er wusste, dass ich die Geschichte auf eine für mich vorteilhafte Weise erzählen wollte, in aller Eile von unseren Abenteuern von damals, bis wir von den Schwierigkeiten des Pfadfinders erfuhren.

„Ich rannte direkt in die Arme von vier Schlangen, die mich kommen gehört hatten, und erwies mich als der größte Idiot, der jemals versucht hat, den Ohio River hinunterzufahren“, sagte Kenton bitter, und ich freute mich über den Ton Darin hieß es, dass er wahrscheinlich nicht allzu genau nachfragen würde, was für eine Torheit ich begangen hatte.

Er war seit dem frühen Morgen an den Baum gefesselt, an dem wir ihn gefunden hatten, und während dieser Zeit hatten ihm die Wilden einen kleinen Vorgeschmack auf das gegeben, was kommen würde, indem sie seinen Körper hier und da aufschnitten, bis das Blut in winzigen Strömen floss.

Im Moment kam es mir seltsam vor, dass wir drei so gemächlich über die Vergangenheit sprachen und uns ab und zu unterbrachen, um unsere Gewehre abzufeuern, wenn ein Federbüschel zu sehen war; aber später erfuhr ich, dass Simon Kenton in Zeiten größter Gefahr offenbar mit den unbedeutendsten Angelegenheiten beschäftigt war.

Ich fragte ihn einmal, als das Gespräch ins Stocken geriet, ob er geglaubt hätte, Major Clarkes Truppen könnten ihm zu Hilfe kommen, und er antwortete nachdrücklich:

„Ich hatte keine Ahnung, Junge, aber dass sie viele Meilen hier unten waren. Du kannst sicher sein, dass ich die Sache immer wieder im Kopf durchging. Es gab genügend Zeit zum Nachdenken, und ich sah keinen anderen Weg als mich selbst.“ so fröhlich wie möglich in die andere Welt zu gehen. Ich war fest davon überzeugt, dass diese Schleichversuche mir keinen Schmerzensschrei über die Lippen bringen sollten. Ohne euch beide, denn ich gehe davon aus, dass einige der Reptilien mich vorher erschossen hätten Wenn Sie nicht wie kleine Männer aufgetaucht wären und die Kugeln riskiert hätten, um mich zu befreien, hätte ich an dieser Reise von Major Clarke nicht mehr teilgenommen. Wenn einer von Ihnen jemals in eine schwierige Lage gerät, können Sie das tun Verlassen Sie sich darauf, dass ich dicht neben Ihnen stehe, während der Atem in meinem Körper bleibt.

Dies war der Moment, in dem ich hätte gestehen sollen, dass er, Simon Kenton, ohne Paulus noch an den Baum gebunden wäre; aber die Worte wurden nicht gesprochen, und ich habe nie aufgehört, es zu bereuen, dass ich die Erklärung nicht meinem Kameraden zu verdanken habe.

Wenn ich lese, was hier niedergelegt ist, kommt es mir fast so vor, als hätte ich den Anschein erweckt, dass wir dem, was um uns herum vorging, kaum Beachtung schenkten, obwohl wir in Wirklichkeit alles, was vor sich ging, genau wahrnahmen , und verpasste keine Gelegenheit, den bemalten Unholden einen tödlichen Schlag zu versetzen.

Auch die anderen Mitglieder unserer Partei waren bei der Erfüllung ihrer Pflicht überhaupt nicht zurückgeblieben. Als wir den Wilden weiter oben am Fluss gegenüberstanden, tat jeder sein Bestes, und diese Zurschaustellung von Mut gefiel den Hintermännern nicht, die damit gerechnet hatten, Simon Kentons Blut zu vergießen.

Innerhalb einer halben Stunde nach der Freilassung des Spähers begannen sie sich zurückzuziehen, und wir nutzten unseren Vorteil aus, bis ein solcher Schlag ausgeführt worden war, der ihnen eine Lektion erteilt haben musste.

Dann hörte man Major Clarkes Stimme, die den Männern den Befehl gab, zu den Kanus zurückzukehren, und wenige Augenblicke später wurden wir zum Flachboot gebracht, wo die anderen Mitglieder der Expedition gespannt darauf warteten, das Ergebnis des Unterfangens zu erfahren.

Es gab keinen dringenden Grund mehr, warum wir schweigen sollten, denn der Lärm des Konflikts hatte jede bemalte Schlange in der Nähe der Gewehre alarmiert, und unsere Männer diskutierten die Situation, ohne die Vorsicht zu walten, im Flüsterton zu sprechen.

Die allgemeine Überzeugung schien zu sein, dass diese beiden Parteien, gegen die wir seit Tagesanbruch gekämpft hatten, ein und dieselben seien. Unser erstes Treffen fand mit denen statt, die im Voraus flussaufwärts vordrangen, um das Land auszukundschaften, und es war die Hauptmacht, die Kenton zu einem Gefangenen gemacht hatte.

Alles, was geschehen war, war zum Besten. Ohne meine Torheit wären viele Männer getötet worden, und diese Torheit wäre ohne die Tatsache, dass der Späher gefangen genommen worden wäre, nicht begangen worden.

Offensichtlich hatte der gute Gott zu unseren Gunsten eingegriffen, und wir gingen aus den Kämpfen mit nichts Schlimmerem als Wunden hervor, die bei richtiger Pflege bald heilen würden.

Eine halbe Stunde, nachdem wir Kenton freigelassen hatten, nachdem wir an Bord des Flachbootes gegangen waren, bestand er darauf, dass Paul und ich uns zum Schlafen hinlegen sollten, und in dem Moment glaubte ich, dass dieser Ausdruck der Fürsorge für uns aus unseren Bemühungen um die Freilassung resultierte ihn zu einer Zeit, als der Tod ihm ins Gesicht blickte.

Da wir in der Nacht zuvor nicht geschlafen hatten, folgten wir nur allzu gerne seinem Vorschlag, und nach kurzer Zeit schliefen wir beide so tief und fest, wie es nur müde Jungs können.

Um Mitternacht wurde uns klar, warum Kenton sich so um unser Wohlergehen gekümmert hatte.

Dann weckte er uns und sagte, als wir unsere Augen öffneten:

„Ich schätze, ihr Jungs wollt nicht länger hier bleiben, und es ist Zeit, dass wir umziehen?"

"Wo gehst du hin?" fragte ich schläfrig.

„Vor den Plattbooten. Wenn wir nicht jetzt anfangen, besteht kaum eine Chance, dass wir der Party viel Gutes tun können, und ich rechne damit, dass wir einen besseren Job machen als beim ersten Mal."

Es gefiel mir nicht, mitten in der Nacht aufzubrechen und durch ein Land zu treiben, das, wie wir zu diesem Zeitpunkt allen Grund zu der Annahme hatten, von wilden Feinden heimgesucht wurde, und ich verstand nicht, wie wir ihnen von Nutzen sein könnten Die Freiwilligen segelten in der Dunkelheit den Fluss hinunter, wo wir vielleicht an hundert Reptilienschwärmen vorbeikamen, ohne zu ahnen, dass sie in der Nähe waren.

So viel sagte ich zu Kenton und er antwortete lachend:

„Ich schätze, wir können uns darauf verlassen, dass der Fluss für die nächsten dreißig Meilen frei bleibt, und wenn wir so weit gekommen sind, müssen wir uns am Ufer aufhalten und auf Tageslicht warten oder uns ein wenig Ruhe gönnen Scout an Land.

„Wie du es letzte Nacht getan hast", sagte ich leise und achtete kaum auf die Worte, und eine Sekunde später hätte ich mir auf die Zunge beißen können, weil ich so einen Ausrutscher gemacht hatte, denn der Kundschafter sagte grimmig:

„Vielleicht ist es auch so, wenn wir nicht viel über letzte Nacht reden. Der Junge, der ein Kanu verlässt, um nach einem Kameraden zu suchen, der auf Erkundungstour ist, ohne ein Wort darüber hinterlassen zu haben, wohin er gehen könnte, Ich bin nicht in der Verfassung, anderen alte Rechnungen vorzuwerfen.

Jetzt verstand ich, warum Simon Kenton keine unangenehme Bemerkung gemacht hatte, als Paul von unseren Bewegungen erzählte. Er erkannte, dass wir etwas Leichtsinniges getan hatten, hatte aber keine Lust zu sagen, was unsere Gefühle verletzen könnte, zu einem Zeitpunkt, als wir gerade dabei geholfen hatten, sein Leben zu retten.

Ohne meine schnelle Zunge hätte ich nie erfahren können, dass er meine ganze Torheit vollständig erkannt hatte.

Man kann sich gut vorstellen, dass nach dieser Erinnerung, dass man mir in Zeiten der Gefahr nicht trauen sollte, meine Lippen geschlossen blieben und ich mich schweigend daran machte, mich auf die Reise vorzubereiten.

Der Unterstand, den Kenton zu nehmen beschlossen hatte, lag daneben, und darin war bereits ein Vorrat an Proviant untergebracht, den wir vielleicht brauchen könnten.

Paul und mir blieb nichts anderes übrig, als unsere schläfrigen Augen weit zu öffnen und über die Seite des Flachboots zu klettern, eine Aufgabe, die wir schweigend erledigten.

Major Clarke war wach, um uns seine letzten Anweisungen zu geben, und nachdem er ein privates Gespräch mit Kenton geführt hatte, kam dieser in das Kanu, löste die Tross und antwortete auf eine geflüsterte Bemerkung des Kommandanten:

„Fürchten Sie sich nicht, aber ich weiß genau, was passieren kann, und Sie können sich darauf verlassen, dass ich vorsichtiger bin als zuvor."

Ich vermutete, dass sich diese Worte auf meine Dummheit vom Vorabend beziehen könnten, und wollte nicht herausfinden, wovor Major Clarke ihn gewarnt hatte.

Wir stießen in die Dunkelheit ab, unser leichtes Fahrzeug entfernte sich schnell durch die schnelle Strömung und fast sofort schien es, als wären wir wieder ganz allein in der Wildnis.

Abgesehen davon, dass das Kanu in der Mitte des Flusses blieb, machte Kenton keine Anstalten, ihre Bewegungen zu lenken, und wir trieben schweigend den Fluss hinunter und behielten beide Ufer scharf im Auge, während ich mir selbst schwor, nie wieder der Angst nachzugeben.

Paul, der tapfere Junge, der er war, schwieg. Bisher hatte er sich mit dem Ruhm bekleckert, den man erlangen kann, wenn man gegen solche Feinde wie die unseren antritt, und die Tatsache, dass ich ihm nicht die volle Anerkennung gezollt hatte, als sich die Gelegenheit dazu bot, ließ mich das nur spüren noch deutlicher, dass er mein Vorgesetzter war, obwohl er keinerlei Erfahrung hatte.

Ich vermutete, dass die Strömung uns gut fünf Meilen pro Stunde beförderte. Die Entfernung von Corn Island bis zum Treffpunkt an der Mündung des Tennessee River soll beträchtlich mehr als dreihundert Meilen betragen haben, und angesichts der Geschwindigkeit, mit der die schweren Boote, die nachts dort lagen, vorankamen, würde es dafür nötig sein volle sechs Tage für die Reise.

Wir im Kanu konnten uns nicht auf weniger als fünf Tage dieses Treibens auf dem Fluss freuen, falls wir uns ohne Verzögerung trafen, und während ich an meine Mutter dachte, kam es mir vor, als würden wir auf die andere Seite der Welt fahren. Ich fragte mich, ob ich sie jemals wiedersehen würde, und es schien, als stünden die Chancen für unser Treffen schlecht, gemessen an den Gefahren, in die wir bereits geraten waren, als die Reise gerade erst begonnen hatte.

Durch dieses Nachdenken über die Möglichkeiten geriet ich bald in eine äußerst feige Gemütsverfassung, aus der ich erst erwachte, als wir auf einer langen Sandfläche auf beiden Seiten des Flusses ankamen, wo es für unsere Feinde keine Angst gab ein Versteck.

Dann begann Simon Kenton ein Gespräch, als wüsste er, dass ich Aufmunterung brauchte, und beendete es erst, als wir wieder in der Nähe des bewaldeten Teils der Küste waren.

Als es hell wurde, hatten wir nichts gesehen, was uns beunruhigen könnte, obwohl wir alle sehr wohl wussten, dass wir möglicherweise an Dutzenden von Wilden vorbeigekommen wären, ohne uns dessen bewusst zu sein, und der Kundschafter paddelte mit dem Boot zum Westufer, während er mit leiser Stimme sagte:

„Ich rechne damit, dass ihr euch umschaut, Jungs, und dieses Mal bleibt ihr ruhig an Bord, bis ich zurückkomme oder die Plattboote in Sichtweite kentern.“

Paulus verstand, dass diese Worte für mich eher wie ein Tadel wirkten, und sagte kühn:

„Es war gut für dich, Simon Kenton, dass Louis darauf bestand, an Land zu gehen, sonst wäre die Sonne für deine Augen nie wieder aufgegangen.“

„Das weiß ich ganz genau, Junge, und ich wäre ein Rohling, wenn ich der Tatsache nicht das gebührende Gewicht beimessen würde; aber ich bin nicht bereit, dass du dein eigenes Leben für mich aufs Spiel setzt. Das hast du Ich habe Menschen, die dich lieben, während ich————“

Er hörte plötzlich auf zu sprechen, als hätte er mehr gesagt, als er beabsichtigt hatte, und wieder war meine Zunge ein widerspenstiges Glied.

„Haben Sie keine Verwandten, die wegen Ihrer Abwesenheit trauern würden?“ Ich fragte, und Simon Kentons Gesicht wurde blass, obwohl es vom Wetter gebräunt war.

„Je weniger über mich gesagt wird, desto besser“, antwortete er knapp, und dann, da das Kanu am Ufer stand, sprang er hinaus, um es festzumachen, und machte damit den weiteren Worten ein Ende.

Er war höchstens eine halbe Stunde abwesend. Während dieser Zeit saßen Paul und ich regungslos und schweigend da, verborgen im Laubwerk, vor den Blicken aller, die zu Lande oder zu Wasser vorbeikamen.

Als er zurückkam, wussten wir, dass er keine Anzeichen einer Gefahr gesehen hatte, obwohl kein Wort gesprochen wurde, bis wir eine Meile oder mehr vom Rastplatz entfernt waren. Dann sagte er leise:

„Ich schätze, wir haben bereits alle Reptilien getroffen, die sich hier herumtreiben, und dass wir uns auf dieser Seite des Tennessee River nicht noch mehr in Kämpfe stürzen werden. Wir werden aber trotzdem scharf Ausschau halten." , und heute Abend anhalten, damit wir den Freiwilligen nicht zu weit voraus sind.

Wie er sagte, taten wir es. Tagsüber ließen wir uns von der Strömung treiben, da wir keine Gefahr sahen, und bei Einbruch der Dunkelheit zogen wir das Kanu unter das überhängende Laubwerk, um eine erholsame Nachtruhe zu genießen.

Die Geschichte dieser Tagesreise war die der folgenden Tage, bis wir zum Treffpunkt kamen und, wie wir glaubten, nicht mehr als vierundzwanzig Stunden vor Major Clarkes Truppe eintrafen.

Seit dem Tag, als Simon Kenton gefangen genommen wurde, hatten wir keine Anzeichen des Feindes gesehen, und es schien sicher, dass wir damals auf die einzige kriegerische Bande außerhalb der britischen Außenposten gestoßen waren.

Als wir an der Mündung des Tennessee River aus dem Kanu stiegen, atmete ich tief und erleichtert ein, denn in diesem Moment war ich näher an der Erschöpfung, als ich jemals für möglich gehalten hätte, wenn man nichts anderes getan hat, als untätig zu bleiben.

Tag für Tag in einem schmalen Boot wie unserem Einbaum zu sitzen und nicht zu wagen, sich zu bewegen, damit es nicht überlastet wird, ist echte Arbeit. Ich hatte noch nie viel Erfahrung mit solchen Reisen und hatte das Gefühl, dass ich wirklich nichts mehr brauchte.

Wir schlugen unser Lager auf, indem wir einen Unterstand aus leichtem Material bauten, und während Simon Kenton zurück ins Dickicht ging, um nach Wild zu suchen, faulenzten Paul Sampson und ich faul herum und genossen die Möglichkeit, unsere Gliedmaßen voll auszustrecken Länge.

Der Späher war noch nicht da, als wir vier weiße Männer vorsichtig aus dem Laubwerk auftauchen sahen, und wenn sie nicht einen großen Vorrat an Fleisch bei sich gehabt hätten, was zeigte, dass sie auf der Jagd waren, hätte ich sie für britische Spione halten können.

So wie es war, fühlte ich mich nicht berechtigt, besondere Informationen über uns selbst zu geben, und warnte Paulus, sich davor zu hüten, von den Flachbooten zu sprechen; sondern vielmehr, um sie glauben zu lassen, dass wir lediglich auf der Suche nach einem Gehöft den Fluss hinunter reisten.

Wie selbstverständlich sahen die scharfäugigen Jäger unseren Unterschlupf sofort, als sie aus dem Unterholz auftauchten, und kamen direkt auf uns zu.

In der Wildnis sind Männer entweder Feinde oder Freunde; Es gibt keinen Mittelweg wie unter Stadtbewohnern, und ich kam sofort zu dem Schluss, dass man sich auf diese Neuankömmlinge verlassen könne, obwohl ich mir von ganzem Herzen Simon Kenton wünschte, der die Verantwortung für ihre Aufnahme übernehmen könnte.

Ihre erste Frage war, ob wir allein seien, und als man ihnen sagte, wer unser Begleiter und Anführer sei, drückte einer aus der Gruppe seine größte Freude darüber aus, ihn noch einmal zu treffen.

„Ich habe den jungen Kenton erkundet und bin mit ihm in die Falle gegangen", sagte der Jäger herzlich, „und ich hoffe nie, einen besseren Freund zu haben. Wohin gehst du, Jungs?"

Ich stammelte, da ich nicht bereit war, viele Informationen preiszugeben, bis wir mehr über die Fremden wussten, und dennoch zögerte, eine Antwort auf eine einfache Frage abzulehnen, als Paul schnell sagte und mich aus meiner Verlegenheit befreite:

„Wenn Sie Simon Kenton kennen, Sir, können Sie gut verstehen, dass es uns Jungen nicht zusteht, über seine Absichten zu sprechen. Er ist auf die Suche nach Fleisch gegangen und wird bald zurückkehren, um für sich selbst zu antworten."

„Nun, sagte, Junge. Du hast eine vorsichtige Zunge, und die ist hier nötig, denn einige von uns haben sowohl weiße als auch rote Feinde. Wir können auf Kenton warten, und in der Zwischenzeit wird es keinen großen Schaden anrichten, wenn wir Machen Sie sich an die Arbeit und kochen Sie ein bisschen von diesem Spiel.

Dann nahmen die Männer unser armseliges Lager in Besitz, und bald stieg der Geruch von gebratenem Fleisch in die Abendluft und steigerte unseren Appetit, bis ich, wenn es nicht so schade gewesen wäre, um etwas von dem Essen gebeten hätte, bevor es mehr als genug war von den Flammen gebräunt.

Das Essen war noch nicht fertig, als Simon Kenton erschien, und ich freute mich, dass er die Jäger begrüßte, als wären sie alte Freunde, denn es zeigte, dass wir in dieser Nacht zumindest nichts zu befürchten hatten.

Ohne zu zögern erklärte er den Zweck unseres Kommens und erzählte von den Flachbooten mit ihren vielen Freiwilligen, die am nächsten Morgen erwartet werden könnten, woraufhin die Fremden höchst erfreut zu sein schienen.

Es schien, wie ich durch das Gespräch bald erfuhr, dass diese Männer aus Kaskaskia gekommen waren; aber mit dem Kommandeur des dortigen britischen Postens waren sie keineswegs freundschaftlich verbunden.

Sie waren mit den Bemühungen der Kolonisten einverstanden, das Joch abzuschütteln, das der König ihnen auferlegt hatte, und erklärten ihre Absicht, sich der Truppe von Major Clarke anzuschließen, falls dieser Offizier bereit sein sollte, sie aufzunehmen.

„Ich antworte darauf, dass der Major Sie herzlich willkommen heißt", sagte Kenton zufrieden, „und mit Ihrer Hilfe werden wir in der Lage sein, den Außenposten zu überraschen."

Dann brach das Gespräch ab, damit alle an der Mahlzeit teilhaben konnten, die inzwischen zubereitet war, und wir zwei Burschen hatten das Gefühl, dass der gefährlichste Teil des Unternehmens vorbei war, obwohl noch mindestens zwei britische Garnisonen eingenommen werden mussten.

KAPITEL IX.
KASKASKIA.

An diesem Abend und am folgenden Tag erhielten wir alle Informationen über Kaskaskia, die Major Clarke unbedingt wissen musste.

Diese Männer, die so günstig zu uns gekommen waren, waren, wie ich bereits sagte, Fallensteller von diesem Außenposten und wollten alles tun, was sie konnten, um die Herrschaft der Briten an unserer Grenze zu stürzen.

Dieser Wunsch war nur natürlich, wie man glauben kann, wenn ich sage, dass die Offiziere des Königs die Politik verfolgten, die Indianer gegen die Siedler aufzuhetzen, damit diejenigen, die nicht bereit waren, dem König die Treue zu bekennen, getötet oder aus dem Land vertrieben wurden .

Monsieur Rocheblave, ein Franzose, hatte das Kommando über die britischen Streitkräfte rund um Kaskaskia, und die Jäger berichteten, er sei ein äußerst wachsamer Offizier gewesen, der eine große Anzahl von Spionen ständig auf der Hut hielt, um sich vor der Annäherung bekannter Leute aus Kentucky zu schützen im Kampf um die Freiheit Partei für die östlichen Kolonisten ergriffen zu haben.

Es gab achtzig britische Soldaten in der Garnison, und alle Rothäute in der Nähe standen im Sold des Kommandanten, daher könnte man sagen, dass die Streitmacht zu diesem Zeitpunkt außerordentlich stark war; aber die Freunde von Simon Kenton glaubten, es könnte überrascht werden, vorausgesetzt, wir könnten die von Rocheblave ausgesandten Spione fangen.

Sobald unsere Leute vor der Garnison erschienen und die Indianer nicht da waren, um ihre Hilfe zu leisten, musste der Posten zwangsläufig aufgegeben werden, und so konnte die uns gestellte Arbeit ohne Blutvergießen erledigt werden.

Dass dieser abtrünnige Franzose alles daran setzte, die Indiana gegen die Siedler aufzuwiegeln, stand außer Frage; Tatsächlich hatte einer dieser Jäger gute Beweise dafür, dass dies der Fall war, da er anwesend war, als der Offizier des Königs eine bestimmte Belohnung in Form von Munition und Decken anbot, falls die Wilden mehrere Familien, die eine Lichtung gemacht hatten, überraschen und massakrieren würden am Ufer des Mississippi.

Kaskaskia wurde, wie ich gelesen habe, nach dem Besuch von La Salle am Mississippi im Jahr 1683 von Pater Gravier, einem katholischen Missionar unter den Illinois-Indianern, gegründet und war die Hauptstadt und Hauptstadt des Landes Illinois, solange die Franzosen dort blieben Besitz davon. Im Jahr 1763 wurde es von den Franzosen an Großbritannien abgetreten und die französischen Offiziere, die es besaßen, wurden weiterhin vom englischen König bezahlt.

Mit Ausnahme von fünfzehn oder zwanzig, wie etwa den Jägern, die wir trafen, waren alle Siedler in dieser Umgebung französischer Abstammung.

Den Tag nach unserer Ankunft an der Mündung des Tennessee River verbrachten wir im Nichtstun. Wir hatten einen großen Vorrat an Fleisch, und die Jäger wollten nicht reden oder an etwas anderes denken als an die mögliche Eroberung des Außenpostens, von dem aus so viele mörderische Banden von Wilden geschickt worden waren, um Blut zu vergießen, nur um die Macht des Königs über dieses schöne Land zu zerstören Sei der Stärkere.

Deshalb blieben wir untätig und verschwendeten, wie ich dachte, unsere Zeit, bis Paul und ich eine Stunde nach Mittag in Begleitung von Simon Kenton und dem Jäger, den er als Freund begrüßt hatte, ein kurzes Stück flussaufwärts gewandert waren Dann wurden jene Worte gesprochen, die Simon Kenton die größte Last, die ein Mensch tragen kann, von seinem Herzen nahmen.

Mehrmals, seit er mir so plötzlich am Ufer des Ohio River erschien und zu einer Zeit kam, als er meiner Mutter und mir den größtmöglichen Dienst erweisen konnte, hatte er einen Satz über sich selbst begonnen und plötzlich aufgehört, als hätte er Angst etwas aus seinem eigenen Leben verraten, was andere nicht wissen sollten.

Dieses Verhalten, zusammen mit der Tatsache, dass er sich weigerte, etwas über sein frühes Leben zu sagen oder warum er als Pfadfinder diente, obwohl es schien, als hätte die Natur ihn für einen edlen Zweck geeignet, überzeugte mich, obwohl ich ein Junge war, davon Es gab ein schmerzliches Geheimnis, das ihn aus der Mitte derer, die er liebte, vertrieben hatte.

An diesem Tag, von dem ich spreche, sagte der Jäger, während wir ziellos den Fluss hinaufschlenderten, nachlässig und ohne besonderen Nachdruck auf seine Worte:

„Ich habe Donnelly vor Kurzem in Cahokia getroffen und wir haben über dich gesprochen, Simon.“

Kenton blieb plötzlich stehen, wie es ein Mann tut, wenn eine Kugel eine lebenswichtige Stelle in seinem Körper erreicht. Sein Gesicht wurde blass, wie ich es schon einmal gesehen hatte, und er zitterte, als hätte er einen Fieberkrampf, und versuchte zu sprechen, aber vergebens, und der Jäger, erschreckt durch diesen Zeichen der Schwäche, wäre vorgesprungen, um den Späher daran zu hindern fiel, aber dieser winkte ihn beiseite, als er mit zitterndem Flüstern fragte:

„Welchen Donnelly hast du getroffen?“

„Er, den Sie kennen sollten. Vielleicht wäre es besser gewesen, wenn ich Donnelly gesagt hätte, der guten Grund hat, sich an Sie zu erinnern.“

„Meinst du Martin?“ fragte Simon Kenton mühsam und zeigte noch deutlicher, dass er geistig gestört war.

„Ja, Junge, Martin Donnelly, und warum solltest du vor allen anderen Angst vor seinem Namen haben?“

"Sag mir!" und Kenton beugte sich eifrig vor, als hinge sein Leben von der Antwort ab. „Wollen Sie damit sagen, dass Sie mit diesem Martin Donnelly gesprochen haben, der vor einiger Zeit im Fauquier County in der Kolonie Virginia lebte?“

„Ja, Simon, das Gleiche. Er, den du so lange gepeitscht hast, bis der Atem fast seinen Körper verlassen hat.“

„Und er lebt?“ fragte Kenton mit einem langen Atemzug und richtete sich auf wie jemand, der plötzlich von einer schweren Last befreit wurde.

„Er war noch am Leben, als ich ihn in Cahokia traf, und rechnete damit, sich in Illinois niederzulassen, falls alles günstig wäre. Er ließ seine Familie in Virginia zurück, so wie ich es verstanden habe, rechnete aber damit, irgendwann im Herbst nach ihnen zu suchen.“ "

Kenton lehnte an einem Baum, das Gesicht in seinem Arm verborgen, und wir drei standen da und starrten ihn schweigend und erstaunt an, bis vielleicht zehn Minuten vergangen waren, als er sich mit einem Gesichtsausdruck, den ich nie vergessen werde, zu uns umdrehte.

„Wenn Sie sich nicht geirrt haben, John Lucas“, sagte er langsam und mit einem Anflug von Freude im Tonfall, „wenn Sie die Wahrheit gesagt haben, ist mir das genommen, was ich zu Grabe tragen zu müssen glaubte.“ , und von dort in die Gegenwart meines Gottes. Wenn Martin Donnelly am Leben ist, bin ich wieder ein freier Mann —“

„Ich sage dir, Simon, ich habe Martin Donnelly gesehen und mit ihm gesprochen“, rief Lucas ungeduldig. „Was bedeuten deine Worte? Warum warst du nicht immer ein freier Mann, außer vielleicht, als die Wilden dich in ihren Fängen hatten, wie diese Jungs hier erzählt haben?“

„Hier ist die Geschichte eines Mannes, der an die Grenze kam und glaubte, ein Mörder zu sein, und alles tat, was er konnte, um ein angebliches Verbrechen zu sühnen, das er in einem Moment begangen hatte, in dem die Wut von ihm Besitz ergriffen hatte. Wie Sie wissen, wurde ich in Fauquier County geboren im Jahr 1755, als mein Vater, ein Ire, sich durch harte Arbeit ein Heim und eine Plantage erkämpft hatte, die ein armer Mann mit Stolz betrachten konnte. Bis zu meinem sechzehnten Lebensjahr kam mir kein anderer Gedanke in den Sinn Pflanzer zu werden und die Arbeit fortzusetzen, die mein Vater begonnen hatte. Dann liebte ich ein Mädchen, die Tochter unseres nächsten Nachbarn, und rechnete damit, sie mit der Zustimmung ihrer und meiner Eltern zu gegebener Zeit zu heiraten. Martin Donnelly kam in den Bezirk und gewann sie mit unfairen Mitteln, wie ich es tat und immer noch behaupte, von mir. Ich traf ihn am Tag nach seiner Heirat. Er verspottete mich mit dem, was er getan hatte, und behauptete, er sei ein irischer Pflanzer in Virginia war von so geringer Bedeutung, dass der erste Neuankömmling ihm alles wegnehmen konnte, was er mit fairen Worten zu gewinnen hatte, und er blieb so angespannt, bis die Wut mich überwältigte. Ich sprang wie ein Panther auf ihn zu und benutzte keine Waffen; und mit bloßen Händen schlug ich auf ihn ein, bis er wie tot dalag. Angst trat an die Stelle von Wut; Ich habe versucht, ihn zu wecken; aber er lag da wie eine Leiche, und ich glaubte, ein Mörder zu sein, und floh, nur von meinem eigenen Gewissen verfolgt, über die Alleghanies, wo ich mich denen anschloss, die an der äußersten Grenze vordrangen. Seit diesem Tag habe ich den Wohnort aller Menschen gemieden, außer denen, die fern von jeder Siedlung leben. Wie oft ich mich danach gesehnt habe, meinen Vater und meine Mutter zu sehen, brauche ich nicht zu sagen. Ich wagte es nicht, zurückzukehren, weil ich glaubte, als Mörder festgenommen und hingerichtet zu werden; Aber jetzt steht es mir frei, zu tun, was ich will, und bis auf die Tatsache, dass mein Wort mich verpflichtet, bei Major Clarke als Kundschafter zu bleiben, bis die Expedition mit der Eroberung von Vincennes zu Ende geht, würde ich mich noch heute auf den Weg nach Hause machen Ich habe davon geträumt, aber nie erwartet, es noch einmal zu sehen.

Nachdem Simon Kenton dies gesagt hatte, ging er schnell flussaufwärts davon, und wir drei kehrten voller Ehrfurcht vor seiner Geschichte und im Wissen, dass es zu diesem Zeitpunkt am besten wäre, ihn in Ruhe zu lassen, ins Lager zurück, wobei ich für meinen Teil das Gefühl hatte, dass dies ein großer Misserfolg war Soweit es die britischen Außenposten betraf, war sie zwar die Expedition von Major Clarke, sie war jedoch insofern erstaunlich erfolgreich, als dadurch der Schatten eines großen Verbrechens von einem Mann genommen wurde.

Erst kurz vor Einbruch der Dunkelheit kam der Kundschafter zu uns zurück, und dann waren alle Spuren seiner Emotionen verschwunden. Er war fast derselbe Mensch wie zuvor und doch völlig anders, wenn ich einen so widersprüchlichen Ausdruck verwenden darf. Ich meine, es gab keine Veränderung in seinem Verhalten, soweit man sehen konnte, als wir über den Zweck unserer Reise oder über das, was in der Zukunft getan werden sollte, sprachen; Aber als wir mit Paul und mir sprachen, klang in seiner Stimme ein fröhlicher Klang – eine gewisse Freizügigkeit, die mich beeindruckte, die aber für jemanden, der nicht mit allen Tatsachen vertraut war, vielleicht nicht offensichtlich gewesen wäre.

Mehr als einmal am Abend erwähnte er den Tag, an dem er nach Virginia zurückkehren sollte, und während der restlichen Reise schien es, als seien alle seine künftigen Handlungen unter besonderer Berücksichtigung dieses Besuchs geplant, der erst kürzlich möglich geworden war.

Erst um die Mittagszeit des folgenden Tages kamen die ersten Flachboote in Sicht, und auf Anraten dieser Jäger aus Kaskaskia machten wir uns unverzüglich auf den Marsch den Mississippi hinauf, damit die Spione von Monsieur Rocheblave diesen Offizier nicht verrieten rechtzeitige Warnung vor unserem Kommen.

Sofort kam Major Clarke an Land und Simon Kenton teilte ihm mit, was wir erfahren hatten, und die vier Jäger erklärten ihren Wunsch, die Expedition von diesem Punkt an als Führer zu begleiten.

Nichts hätte für das Unternehmen günstiger sein können, und wie man leicht vermuten kann, zögerte der Major nicht, ihre Dienste anzunehmen.

Die Freiwilligen, allesamt gute und bewährte Männer, waren schnell mit dem Sachverhalt vertraut, denn bei einem solchen Unternehmen wie diesem machte der Kommandant keine Anstalten, seine Absichten vor denen, die ihn begleiteten, zu verbergen, und jeder glaubte, dass nein An dieser Stelle am Fluss sollte Zeit verschwendet werden.

Als das letzte Boot ankam und vor unserem Lager festmachte, waren wir für den Marsch genauso gut vorbereitet, ja sogar besser, als wir es vierundzwanzig Stunden später sein sollten, und der Halt wurde nur so lange verlängert, bis es möglich war Alle Mitglieder der Partei müssen darüber entscheiden, wie wir am besten vorgehen.

Nach einer Beratung wurde entschieden, dass die Boote etwa sechs Meilen weiter flussabwärts an einer Stelle abgesetzt werden sollten, an der sie sich verstecken konnten. Danach würde unsere Gruppe den Marsch durch die Wildnis beginnen, und das letzte Boot war noch nicht festgemacht Eine halbe Stunde bevor wir uns wieder auf den Weg machten, paddelten Simon Kenton, Paul und ich voraus, um einen Ort auszuwählen, an dem wir die unhandlichen Boote mit einer gewissen Gewissheit zurücklassen konnten, dass sie unentdeckt bleiben würden.

Damit ich in der Lage bin, die Geschichte von allem zu erzählen, was wir beiden Jungs während unserer Zeit mit Simon Kenton gemacht haben, ist es notwendig, dass viele Details weggelassen werden, sonst würde diese dürftige Geschichte so lang werden, dass derjenige, der sie zu lesen versucht, sie nicht lesen kann könnte bei der Aufgabe müde werden.

Deshalb soll nichts über den Marsch durch die Wildnis berichtet werden, bei dem wir kein anderes Abenteuer erlebten als die Gefangennahme eines von Rocheblaves Spionen, den wir am zweiten Tag nach dem Verlassen des Flusses trafen.

Zufällig hatten wir drei – also Simon Kenton, Paul und ich – das Glück, dem Kerl zu begegnen, als er einen fetten Truthahn kochte, und obwohl es ihm keineswegs gefiel, zwangen wir ihn, mitzukommen uns zu Major Clarke. Er behauptete, ein ehrlicher Siedler von Kaskaskia zu sein, dessen Sympathien den kämpfenden Kolonisten galten; Aber John Lucas hatte uns gesagt, dass es in der so eingerichteten Siedlung nur wenige gab, und Simon Kenton hielt es für sicherer, ihn für eine gewisse Zeit festzuhalten, als das Risiko einzugehen, ihn gehen zu lassen, wohin auch immer er wollte.

Die Jäger von den Außenposten klärten bald sein Schicksal, denn sie erkannten in ihm jemanden, der die Indianer am aktivsten gegen die Siedler von Kentucky aufgehetzt hatte, und ohne Major Clarkes mutige Haltung wäre er am schnellsten aus der Welt geworfen worden Mögliche Art und Weise, wie er tatsächlich hätte sein sollen, denn ich hielt ihn für einen vorsätzlicheren Mörder als die Wilden und ebenso schuldig.

Wir hielten ihn jedoch fest gefangen, indem wir ihn zwischen zwei der stärksten Männer fesselten, und ich wage zu behaupten, dass er während unseres weiteren Streifzugs durch die Wildnis eine einigermaßen gute Vorstellung davon bekam, wie es unschuldigen Frauen und Kindern ergeht, wenn sie dazu gezwungen werden Begleite wilde Entführer.

Wir kamen einigermaßen schnell voran, und doch wurden keine Vorsichtsmaßnahmen gescheut, um Überraschungen zu verhindern.

Zwanzig Mitglieder der Gruppe, darunter Simon Kenton, Paul und ich, blieben der Haupttruppe mindestens zwei Meilen voraus, verteilten sich in einer sogenannten Scharmützellinie und achteten außerordentlich darauf, dass uns nichts entging.

Es war am Nachmittag des vierten Julitages, als wir nur noch eine Meile vom Außenposten entfernt ankamen, da wir allen Grund zu der Annahme hatten, dass Monsieur Rocheblave bislang keine Ahnung hatte, dass wir vorschlugen, ihn seines Kommandos zu entziehen.

Ohne das günstige Treffen mit den vier Jägern frage ich mich, ob wir in der Lage gewesen wären, heimlich so nahe vorzudringen. Aber da sie mit allen Zugängen zur Siedlung vertraut waren und wussten, wo wir weniger wahrscheinlich auffallen würden, führten sie uns sicher weiter, bis wir in einer guten Position waren, um mit der bevorstehenden Arbeit zu beginnen.

Obwohl die Gruppe aus mehr als vierhundert Mann bestand, blieben wir fünf Stunden lang versteckt, fast neben der Garnison, und doch wurde kein Verdacht auf unsere Anwesenheit geweckt.

Kein anderer, außer Männern, die mit dem Leben an der Grenze vertraut sind, hätte das erreichen können, was mir zu diesem Zeitpunkt fast unmöglich erscheint, obwohl ich genau weiß, dass es geschafft wurde.

Wir blieben im Dickicht verborgen, von wo aus wir die Menschen in der Siedlung sehen konnten, wie sie konzentriert ihren täglichen Aufgaben nachgingen, und doch hätte man vielleicht bis auf hundert Meter an uns vorbeikommen können, ohne dass wir so viele bewaffnete Männer verdächtigt hätten waren in der Nähe.

Zumindest Paul und ich glaubten, dass eine Schlacht geschlagen werden muss, bevor wir den Außenposten in Besitz nehmen konnten, und vielleicht besteht kein Grund, warum ich hier die Tatsache erwähnen sollte, dass mein Herz wieder einmal von Furcht erfüllt war. Denn zu diesem Zeitpunkt sollte es klar sein, dass ich immer dann feige wurde, wenn Gefahr drohte.

Es war eine Sache, gegen die Indianer im Wald zu kämpfen, wo wir ebenso guten Schutz fanden wie sie, und eine ganz andere, im Freien gegen eine Garnison von Männern vorzurücken, die ebenso geschickt mit dem Gewehr umzugehen wussten wie wir und durch eine Palisade geschützt waren.

Ich glaubte, und das aus gutem Grund, dass viele von ihnen in eine andere Welt geschickt werden würden, bevor die Sonne wieder aufging, und wenn ich nicht bereit war, meinen Gefährten zu zeigen, wie feige ich geworden war, musste ich das Risiko des Todes eingehen mit den anderen.

Es war keineswegs fröhlich, wie es im Dickicht lag, nicht wagte zu sprechen oder sich zu bewegen, um keinen Alarm auszulösen, und sich auf den Kampf freute, der bald folgen musste.

Wäre es möglich gewesen, mit Paulus ein Gespräch zu führen, dann wäre vielleicht ein Thema angesprochen worden, das meinen Gedankengang verändert hätte; aber es war mir verboten, auch nur zu flüstern, und es kam mir dann so vor, als ob zwischen uns und diesem Zaun in so kurzer Entfernung der Tod auf und ab stolzierte und auf unsere Annäherung wartete.

Es ist der Feigling, und nur der Feigling, der auf der Suche nach Gefahr in die Zukunft strebt. Der vernünftige Mann wartet, bis er mit der Gefahr konfrontiert wird, bevor er der Angst nachgibt, und das wurde mir bewiesen, bevor viele Stunden vergangen waren. Ich habe zehnmal mehr gelitten, als wenn wir vorgerückt wären und schwer geschlagen worden wären, und doch hatte ich, wie wir schnell begriffen, überhaupt keinen Grund, mich auf diese Weise zu quälen.

Als die Nacht hereinbrach, schien es mir, als hätte Major Clarke vergessen, zu welchem Zweck wir dort waren.

Als wir aus dem Dickicht hervorspähten, konnten wir sehen, dass die Bewohner der Siedlung sich ausgeruht hatten. Zwei Stunden nach Sonnenuntergang war es in der Garnison ruhig, und dennoch gab unser Kommandant kein Signal.

Da ich mich auf Wunden und vielleicht auch auf den Tod freute, vergingen die Momente äußerst langsam, und ich kam zu der Überzeugung, dass fast jede Gefahr besser wäre als dieses heimliche Warten auf das Signal, das die Aktion auslösen sollte.

Paul, der dicht neben mir lag, achtete scheinbar nicht auf den Lauf der Zeit. Wie der tapfere Junge, als den ich ihn verstanden hatte, blieb er offenbar gleichgültig gegenüber dem, was die Zukunft für uns bereithalten könnte, und erlangte die Ruhe, die ihm von Nutzen sein würde, wenn gewaltsames Handeln erforderlich war.

Es schien mir, als ob die Nacht schon mehr als zur Hälfte vorbei war, als ich beobachtete, wie Major Clarke aufstand, und wie ich später erfuhr, war es erst neun Uhr.

Der entscheidende Moment war gekommen. Wenn es uns jetzt nicht gelang, Kaskaskia einzunehmen, dann war die Expedition ein schrecklicher Misserfolg, und diejenigen, die nicht unter die Kugeln fielen, konnten damit rechnen, Gefangene in den Händen von Häschern zu sein, die kaum weniger Gnade zeigen würden als die Wilden.

Bevor wir an diesem Versteck ankamen, wurde beschlossen, die Gruppe in fünf Abteilungen aufzuteilen, von denen jede von einem anderen Punkt aus angreifen sollte, und nachdem das Signal gegeben worden war, formierten sich die Männer zu Abteilungen und marschierten los lautlos in der Dunkelheit fort, wie es vorher vereinbart worden war.

Simon Kenton, Paul und ich gehörten zu denen, die von unserem Lager aus direkt auf die Palisaden zumarschieren sollten, und deshalb machten wir keine Bewegung, bis denjenigen, die von der gegenüberliegenden Seite herkommen sollten, Zeit gegeben worden war, sich in Position zu bringen. Major Clarke selbst sollte unsere Division anführen, und obwohl er damit rechnete, die Garnison zu überraschen, glaube ich, dass er der Meinung war, dass wir, wenn wir einen Sieg erringen wollten, dafür teuer mit Blut bezahlen würden.

Nun, ich verschwende viele Worte zu dem, was an sich nur eine äußerst unbedeutende Angelegenheit war. Wir mussten lediglich aufmarschieren und die Garnison einnehmen, als ob alle Soldaten des Königs dort mit offenen Armen darauf warteten, uns freundlich zu empfangen.

Als der Befehl zum Vormarsch gegeben wurde, konnte unser Teil der Kompanie in der Ferne auf beiden Seiten in der Dunkelheit die verschiedenen Abteilungen sehen, die sich dem Palisaden näherten, und doch kam kein Laut von den tapferen Soldaten des Königs, die statt zu bewachen Der Außenposten verbrachte seine Zeit im Schlaf.

Wir kamen immer näher und glaubten die ganze Zeit, dass wir in der nächsten Sekunde den Knall einer Schreckschusspistole hören würden; Aber die Minuten vergingen, und die Stille innerhalb der Palisade war so tief, als ob niemand außer den Toten den Besitz innehatte.

Wir gingen direkt auf das große Tor zu und glaubten, dass wir in der nächsten Sekunde den Alarmton hören würden. – Seite 204. *An der Grenze zu Kentucky.*

Direkt zum großen Tor rückten wir vor, und die Garnison fühlte sich in der Freundschaft der Wilden, die nach dem Blut solcher Weißen dürsteten, die nicht in der Gunst des Königs standen, so sicher, dass die Barriere nicht einmal geschlossen wurde.

Wir betraten das Kommandantenquartier und hatten es umzingelt, bevor einer der Feinde unsere Anwesenheit bemerkte, und dann kam der Alarm.

In dem Moment, in dem Major Clarke vor der Tür von Monsieur Rocheblaves Haus stand, wurde ein Schuss abgefeuert, und das Echo des Knalls war kaum verklungen, als er, gefolgt von zwanzig Männern, das Gebäude betrat.

Ich stand dicht an Pauls Seite, direkt hinter Simon Kenton, und wartete auf den Beginn dieser Schlacht, die unmittelbar bevorzustehen schien; Dennoch sind wir etwas mutiger geworden, weil wir uns innerhalb der Palisade befanden.

Während ich mit halb erhobenem Gewehr in Alarmbereitschaft blieb, kam die Nachricht, ich weiß nicht woher, dass der Kommandant kapituliert hatte, und Simon Kenton drehte sich zu uns um und sagte so etwas, als wäre er mit diesem friedlichen Ende unzufrieden hatte versprochen, ein äußerst schwieriges Unterfangen zu werden.

„Nun, Jungs, der erste Außenposten, den wir erobern wollten, gehört uns, und wir mussten keine einzige Ladung Munition bezahlen.“

„Wollen Sie damit sagen, dass es keine Kämpfe geben wird?“ fragte ich überrascht.

„Wie kann es sein, dass Monsieur Rocheblave sich ergeben hat?“

„Aber uns wurde gesagt, dass hier achtzig Männer seien, die im Namen des Königs die Garnison halten würden?“

„Ja, Junge, aber der Kommandant, der beschlossen hat, dass wir in friedlichen Besitz gehen sollen, entzieht ihnen das Recht, Einwände zu erheben. Kaskaskia gehört uns, und es wird ein langer Tag sein, bis die Flagge des Königs wieder gehisst wird. Aber wie ist das? ? Man würde sagen, du warst enttäuscht.“

„Ich weiß kaum, ob ich lachen oder weinen soll.“

„Warum solltest du weinen, Junge?“

„Weil ich in den letzten fünf Stunden im Dickicht gelegen habe und zitterte, weil ich befürchtete, dass der Tod mein Anteil an dieser Verpflichtung sein würde, und wer sich so einfältig macht, sollte weinen, weil er so schwachsinnig ist.“

KAPITEL X.
CAHOKIA.

Während wir uns nicht zu Recht dafür rühmen konnten, dass wir einen Posten erobert hatten, an dem es keinen Widerstand gab, blickten die Mitglieder der Truppe von Major Clarke, darunter sogar Paul und ich, mit Triumph auf die Heldentat, so unblutig sie auch gewesen sein mochte.

Sicherlich hätte der König nicht so den Besitz seines Außenpostens verloren, wenn wir, also die gesamte Kompanie, zu Hause geblieben wären, und daher könnten wir behaupten, dass die Garnison jetzt allein durch unsere Bemühungen im Namen der Provinz Virginia gehalten wurde.

Wie wir am nächsten Tag von denen erfuhren, denen Major Clarke die Fakten anvertraut hatte, waren viele von Monsieur Rocheblaves Papieren von seiner Frau nach seiner Gefangennahme vernichtet worden, da unser Volk es nicht für notwendig hielt, eine Frau gefangen zu nehmen. Ihr wurde erlaubt, das Haus bis zum Morgen zu behalten, und während dieser Zeit verbrannte sie viele Papiere, die in unsere Obhut hätten gelangen sollen.

Sie hatte jedoch keine Zeit, die gesamte Korrespondenz von Monsieur zu vernichten, und es wurden genug gefunden, um zweifelsfrei zu beweisen, dass er auf Anweisung Englands die Indianer zu Feindseligkeiten gegen diejenigen Siedler angestachelt hatte, die es wagten, den Rebellen Glauben zu schenken Die Kolonisten hatten Recht.

Ich bin davon überzeugt, dass unsere Männer ohne die Geistesgegenwart von Major Clarke schnell Rache an diesem Franzosen geübt hätten, der den Tod und die Folter so vieler unserer Landsleute verursacht hatte.

Unmittelbar nachdem er erfahren hatte, dass die Angehörigen der Truppe sich der Schuld des Franzosen bewusst waren, nannte er zwanzig der zuverlässigsten Männer – diejenigen, denen er vertrauen konnte, dass sie seine Befehle buchstabengetreu ausführten – und schickte sie mit der Obhut von Monsieur Rocheblave und seiner Frau nach Williamsburg in Virginia, damit der böse Mann wegen der Verbrechen, die er an wehrlosen Frauen und Kindern begangen hatte, vor Gericht gestellt werden könne.

Die Gruppe machte sich vor Mittag des Tages auf den Weg, der auf unsere Einnahme der Garnison folgte, zu einer Zeit, als unsere Leute in anderen Richtungen beschäftigt waren und daher keine Tat begangen wurde, die uns hätte beschämen können, obwohl ich selbst jetzt davon überzeugt bin, dass dies der Fall sein würde Es wäre nicht falsch gewesen, wenn wir Monsieur Rocheblaves Verbrechen mit seinem eigenen Leben ausgelöscht hätten, ungeachtet der Tatsache, dass er als Gefangener Anspruch auf unseren Schutz hatte.

Als er die Wilden gegen die wehrlosen Siedler hetzte, hatte er keine derartigen Vorstellungen von Ehre gehabt, wohl wissend, wie viel schreckliches Leid dadurch verursacht werden würde.

Er reiste jedoch mit ganzer Haut ab, wie ich ganz genau weiß, da Paul und ich bei der Vorbereitung des Bootes halfen, das die Gruppe zur Mündung des Ohio River bringen sollte, von wo aus sie quer durch das Land nach Williamsburg vordringen wollten .

Die Frau des Franzosen ging selbstverständlich mit, und ich habe seitdem versucht zu erfahren, was aus dem Schurken geworden ist, aber ohne Erfolg. Er hatte es verdient, gehängt zu werden, wenn es überhaupt jemals jemand gab, obwohl viele Leute behaupteten, er sei nicht wirklich schuldig, da er lediglich die Befehle seiner Vorgesetzten ausgeführt hatte.

Hätte einer von denen, die so eloquent für seine Freilassung plädierten, gewusst, was es bedeutet, einen Vater zu Tode foltern zu lassen, wie ich wusste, hätte man zugunsten eines solchen Unglücklichen etwas gesagt.

Das hat jedoch nichts mit der Geschichte zu tun, die Paul Sampson und ich gemacht und gesehen haben, als wir gemeinsam mit Simon Kenton auf Entdeckungsreise gingen.

Als unsere Leute erfuhren, dass Monsieur Rocheblave mit einer ganzen Haut weggeschickt worden war, da alle Vorbereitungen für seine Abreise, wie ich bereits sagte, unter größter Geheimhaltung getroffen wurden und er und seine Frau an Bord des Bootes geschmuggelt wurden, geschah etwas sehr Es war wie eine Meuterei im Lager, und Major Clarke hatte die größte Aufgabe, die Männer zum Schweigen zu bringen, als er bewältigen konnte. Doch die Freiwilligen ließen sich bald ruhig nieder und versprachen sich, dass die Zeit kommen würde, in der sie mehr Mitspracherecht bei der Entscheidung über das Schicksal des Franzosen haben würden.

Nachdem Major Clarke den Außenposten eingenommen hatte, schien es, als rechnete er damit, in Kaskaskia herumzulungern, ohne weitere Anstrengungen zu unternehmen, um die anderen Besitztümer des Königs am Mississippi zu erobern.

Drei Tage lang blieben wir ruhig in der Siedlung und amüsierten uns, so gut wir konnten, und viele aus der Gesellschaft murrten wegen der Untätigkeit.

Wir seien gekommen, um den Fluss für unser eigenes Volk zu öffnen, sagten sie, und es handele sich kaum um ein Verbrechen, herumzulungern, wenn so viele Garnisonen in der Nähe seien, die in unseren Besitz gelangen sollten.

Doch noch bevor die drei Tage verstrichen waren, begriffen wir die Absichten unseres Kommandanten. Er hatte die französischen Siedler, die wir in Kaskaskia fanden, nicht gestört; aber im Gegenteil zeigte er seine

Absicht, sie zu schützen, wie er es mit denen tun würde, die durch Blutsbande mit uns verbunden waren, und das Ergebnis war, dass das Volk zu begreifen begann, wie viel durch diesen Gouverneurswechsel gewonnen worden war.

Den Wilden war es nicht mehr gestattet, dort ihre abscheulichen Pow-Wows abzuhalten, und die Soldaten konnten die Siedler nicht mehr ausrauben, wie es unter der Herrschaft von Monsieur Rocheblave geschehen war. Die Menschen waren in jeder Hinsicht die Gewinner unseres Kommens und wussten dies voll und ganz zu schätzen.

Der nächste britische Außenposten flussaufwärts oberhalb von Kaskaskia war Cahokia, eine Siedlung, in der beträchtlicher Handel betrieben wurde und ein Lager britischer Waffen zur Verteilung an die Wilden.

Es war lange vor der Entdeckung des Mississippi von den Caoquias, einem Stamm der Illinois-Indianer, bewohnt worden. Die Franzosen ließen sich dort nieder, kurz nachdem La Salle den Fluss hinuntergeflossen war, und es hieß, dass dort neben der Garnison von etwa sechzig Soldaten nicht weniger als vierzig Familien lebten.

Dies war der Posten, mit dem Major Clarke gerechnet hatte, als er Corn Island verließ, und wir erfuhren bald, dass er seine Absichten nicht geändert hatte, sondern eifrig damit beschäftigt war, seine Pläne zu vervollkommnen, als einige von uns ihn beschuldigten, die Zeit damit verbracht zu haben Tage im Nichtstun.

Zwischen diesen beiden Außenposten befanden sich drei kleine Dörfer, die der König für sich beanspruchte und die er einnehmen musste, bevor er zu den größeren Siedlungen gelangte.

Als alle seine Vorbereitungen abgeschlossen waren, gab Major Clarke bekannt, dass Kapitän Joseph Bowman, der Kommandeur einer der Kompanien, die Expedition nach Cahokia leiten sollte, die aus etwa zweihundert Mann bestehen würde, während er, Major Clarke, mit dem Rest zusammenarbeitete Die Truppe sollte in Kaskaskia bleiben und gleichzeitig darauf vorbereitet sein, diejenigen Indianer in der Nähe in Schach zu halten, die auf die Idee kommen könnten, uns Ärger zu machen.

Nun zeigte sich, wie klug das Vorgehen des Majors während unseres Aufenthaltes in der eroberten Garnison war.

Die Bewohner von Kaskaskia hatten Zeit gehabt, zu erkennen, dass es ihnen unter der Herrschaft der Kolonisten viel besser ging als unter der des Königs, und als ihnen dies klar wurde, waren sie begierig darauf, dass auch die anderen Außenposten am Fluss dies erleben sollten Gleicher Regierungswechsel.

Anstatt also heimlich Kundschafter vorauszuschicken, um diese Dörfer, die wir durchqueren müssen, zu warnen, baten die Leute des Postens um Erlaubnis, die Freiwilligen begleiten zu dürfen, und behaupteten, dass sie durch die Berichterstattung darüber, was in ihrer eigenen Siedlung geschehen war, die anderen schnell zur Vernunft bringen könnten. Dadurch verhinderten sie Blutvergießen und taten ihren Nachbarn einen Gefallen, während sie gleichzeitig selbst davon profitierten.

Wie Simon Kenton es ausdrückte: „Sobald sie wussten, dass die Amerikaner bereit waren, Amerika in Besitz zu nehmen – oder den Teil davon, der ihnen in den Weg kam –, war ihr einziger Wunsch, dass die Herrschaft des Königs schnell ausgelöscht werden könnte, was auch der Fall war." Sinnvoll, denn beide Parteien konnten Teile des Flusses nicht halten, ohne dass es zu Auseinandersetzungen kam.

Wenn diese Leute, deren Siedlungen wir ohne einen Schlag eingenommen hatten, durchgesetzt hätten, wäre jeder Außenposten, der jetzt mit Männern besetzt ist, die dem König die Treue geschworen haben, schnell in unseren Besitz gekommen, und solange die Stimmung des Volkes an diesem Punkt war, war das Es war der richtige Zeitpunkt, den Vorteil auszunutzen.

Als bekannt wurde, dass unter dem Kommando von Captain Bowman auch der Späher Kenton und seine beiden Gefährten aufbrechen würden, hatte ich keine Bedenken.

Die seelische Qual, die ich ohne Grund gehabt hatte, kurz bevor wir die Kaskaskia-Garnison überraschten, hatte mir eine Lektion erteilt, und außerdem glaubte ich, dass wir unseren Marsch auf die gleiche unblutige, triumphale Weise fortsetzen würden, wie er begonnen hatte .

Und darin habe ich mich nicht geirrt.

Damit ich diese Geschichte nicht zu sehr in die Länge ziehe und Tatsachen niederschreibe, von denen Fremde denken könnten, dass sie für die Geschichte unserer Inbesitznahme des Mississippi keine Bedeutung haben, werde ich direkt zum Ende gehen, ohne hier anzuhalten, um zu erzählen, was am Ende passiert Zeit schien uns von erheblicher Bedeutung zu sein oder zu erklären, wie Paul und ich uns unter bestimmten schwierigen und unangenehmen Umständen verhielten oder fühlten.

Simon Kenton sollte die Leitung des vordersten Teils der Truppe übernehmen, die Kapitän Bowman anführte. Das heißt, wenn wir an diesem Tag von solchen Manövern sprechen würden, sollten wir sagen, dass Simon Kenton das Kommando über die Scharmützler hatte und dass Paul Sampson und ich selbstverständlich seine Rolle spielten, so schlecht sie auch sein mochte Assistenten.

Wir, und ich spreche jetzt nicht nur von uns dreien, die wir uns Pfadfinder nannten, sondern auch von zwölf oder fünfzehn weiteren, denen befohlen wurde, sich uns anzuschließen, machten sich am Morgen des 8. Juli von Kaskaskia auf den Weg, etwa zwei Stunden vor dem Hauptaufmarsch mit Gewalt, wobei wir uns darüber im Klaren waren, dass es unsere Pflicht war, die Spione zu fangen, die uns begegneten, oder uns zurückzuziehen, falls wir mit einer beträchtlichen Anzahl von Wilden konfrontiert würden.

Nun, wir begannen die 60-Meilen-Wanderung in guter Stimmung, und als wir spät am selben Tag in Rufweite der ersten kleinen Siedlung kamen, die an der Straße lag, war unser Marsch nur ein Vergnügungsausflug gewesen.

Wir hatten weder einen Spion noch einen Indianer gesehen, und ich glaube, dass achtzehn oder zwanzig Männer dieses dem König gehörende Dorf mit Waffengewalt und ohne größere Schwierigkeiten hätten in Besitz nehmen können, wenn es nötig gewesen wäre.

Doch der Befehl lautete, wir sollten anhalten, bis die Haupttruppe heraufgekommen sei, und das taten wir auch, woraufhin die Siedler des eroberten Postens vorrückten, um mit den Bewohnern dieser Lichtung zu verhandeln.

Es war keine lange Konferenz. Nachdem diejenigen, die Monsieur Rocheblave erst kürzlich als ihren Gouverneur anerkannt hatten, diesen anderen Siedlern erklärt hatten, welche Vorteile sich daraus ergeben würden, gehörte das Dorf uns.

Wir mussten lediglich als Ehrengäste eintreten, und die amerikanische Flagge wurde gehisst, um zu zeigen, dass sie sich nicht länger als Untertanen des Königs betrachteten.

Und die Geschichte unseres bisherigen erfolgreichen Vormarsches war dieselbe, die von diesem Punkt an erzählt werden muss.

Wir marschierten in zwei andere Dörfer, wobei unsere Verbündeten aus Kaskaskia vorangingen, um den Weg zu ebnen, und ließen die Siedler zurück, während wir weiter flussaufwärts gingen, als Brüder und nicht als Feinde.

Drei Dörfer hissten unsere Flagge als Zeichen ihrer Sympathie und ihres Wunsches, den Kolonisten zu helfen, und dann kamen wir am Ende des dritten Tages in die Nähe von Cahokia, einem Posten, der, wie ich bereits sagte, nicht von geringer Bedeutung war mit sechzig Soldaten besetzt.

Zumindest das tat Paul Sampson, und ich glaube, unser Eintritt würde auf Widerstand stoßen; aber wie zuvor schickte Kapitän Bowman unsere Verbündeten voraus, und wir kamen in das Handelsdorf, wo der König große Mengen Waffen zum Tausch mit den Indianern deponiert hatte, ohne auf Widerstand zu stoßen und sehr großzügig empfangen zu werden.

Die Menschen begrüßten uns mit lautem Jubel, als wir hinter unseren Verbündeten in die Palisaden marschierten, und waren ebenso begeistert, als Captain Bowman ihnen sagte, sie müssten der Kolonie Virginia den Treueid leisten.

Der Zweck, zu dem unsere Truppe Corn Island verlassen hatte, wurde mit der Eroberung von Cahokia erreicht, denn dieser Posten war tatsächlich der letzte, den Major Clarke angeblich reduzieren konnte.

Es ist wahr, dass er Vincennes in seinen Plänen gegenüber den Behörden von Virginia erwähnt hatte; aber wie wir von Simon Kenton erfuhren, als wir hier in Cahokia lagen, sollte die Garnison am Wabash River nicht angegriffen werden, es sei denn, dies konnte mit hinreichender Erfolgsgarantie erfolgen.

Nun war dieser Außenposten von Vincennes eine der ersten Siedlungen im Tal des Mississippi. Es wurde bereits 1735 von französischen Auswanderern besetzt und als Post St. Vincent bezeichnet. Im Jahr 1745 erhielt es den Namen Vincennes zu Ehren von FM de Vincennes, einem tapferen und hochgeachteten französischen Offizier, der 1736 in der Schlacht mit den Chickasaws getötet wurde.

Es war der wichtigste Posten im Tal, aber ob er angegriffen werden sollte, konnten wir, die wir in Cahokia waren, nicht einmal vermuten.

Simon Kenton glaubte, dass unser Teil der Arbeit hier enden würde, und argumentierte, dass Major Clarke eine Garnison sowohl in Kaskaskia als auch in Cahokia zurücklassen müsse, um die Palisaden zu halten, und dass seine kleine Armee dadurch stark geschwächt würde; so dass er kaum auf einen Sieg hoffen konnte, wenn wir gezwungen wären, Gewalt anzuwenden, um in den Besitz zu gelangen.

„Meiner Meinung nach ist unsere Arbeit getan, Jungs“, sagte der Späher spät in der Nacht, nachdem wir Cahokia in Besitz genommen hatten. „Es bleibt uns nichts anderes übrig, als umzukehren, denn ich vermute, dass es Ihnen nichts ausmachte, als Mitglieder der Garnison in einer dieser Siedlungen zu bleiben.“

„Das sind wir tatsächlich nicht“, antwortete ich prompt. „Meine Mutter erwartet mich auf Corn Island, und wenn sie sich nicht entschließt, in das Land zurückzukehren, das mein Vater gerodet hat, muss ich mich daran machen, ein Zuhause für sie zu schaffen.“

„Ich habe keine Lust zu bleiben“, fügte Paul hinzu. „Es ist vielleicht nicht so, dass mein Vater mich braucht; aber ich habe eine Mutter in Maryland, und der Dienst in einer Garnison ist nicht erfreulich. Wenn, wie Sie glauben, die für Major Clarke vorgesehene Arbeit erledigt ist, werden Louis Nelson und ich es tun.“ kehre mit dir zurück, wenn es so ist, gehst du zurück.

„Das bin ich tatsächlich, mein Junge", antwortete Simon Kenton mit der Miene von jemandem, der viel Freude in der Zukunft erwartet. „Jetzt, wo kein Schatten mehr über mir liegt, bin ich genauso begierig darauf, meinen Vater und meine Mutter zu finden, wie ihr Jungs es seid, euren Vater und meine Mutter kennenzulernen."

„Wann sollen wir zurückkommen?" Ich fragte, denn jetzt, da über die Heimreise nachgedacht wurde, wollte ich, der ich wirklich kein Zuhause hatte, sie unbedingt antreten.

„Major Clarke und ich haben vereinbart, dass es mir freisteht, umzukehren, wann immer Captain Bowman erklärt, dass er meine Dienste nicht länger benötigt, und ich denke, Jungs, dass die Zeit gekommen ist. Warten Sie hier, bis ich erfahre, was er getan hat hat dazu etwas zu sagen.

Innerhalb einer Stunde wurde beschlossen, dass wir drei Kapitän Bowmans Bericht an Major Clarke überbringen sollten, und als ich mich in dieser Nacht schlafen legte, wusste ich, dass wir im ersten Licht der Morgendämmerung die sechzig Meilen lange Reise beginnen würden Wir wollten es innerhalb von vierundzwanzig Stunden mit wenig Arbeitsaufwand schaffen, da wir von diesem Punkt aus mit Unterstützung der schnell fließenden Strömung in einem Kanu weiterfahren konnten.

Wir machten uns auf den Weg, wie beschlossen worden war, und einer der Siedler in Cahokia lieh uns bereitwillig einen Unterstand, mit der Vereinbarung, dass wir ihn in Kaskaskia zurücklassen sollten, um ihn bei jeder sich bietenden Gelegenheit zurückzugeben, und vor Mitternacht übergab Simon Kenton Major Clarke den Bericht unserer Erfolge.

Wir blieben noch drei Tage an diesem Posten; aber alles, was geschah und uns drei beunruhigte, kann in wenigen Worten erzählt werden.

Es wurde beschlossen, dass alle außer denen, die sich entschieden hatten, zu bleiben, um die Garnisonen zu bemannen, jederzeit zurückkehren könnten, und da wir wussten, dass fünfzig oder mehr, die Verwandte auf Corn Island zurückgelassen hatten, damit rechneten, bald zurückzukehren, warteten wir drei der Reihe nach auf sie dass unsere Streitmacht so groß sein könnte, dass sie die Wilden, die möglicherweise an den Ufern des Ohio River lauerten, von einem Angriff abschreckte.

Als jedoch drei Tage vergangen waren, stellten wir fest, dass keiner der Männer bereit war, so schnell mit dem zu beginnen, was sich zweifellos als mühsames Unterfangen erweisen würde, und Simon Kenton legte uns die Angelegenheit vor, indem er sagte:

„Jungs, ich kann es kaum erwarten, nach Fauquier County zurückzukehren. Wenn es so ist, habt ihr keine Lust, hier herumzuliegen und das Brot des

Nichtstuns zu essen. Angenommen, wir fangen morgen früh an? Es gibt nichts, was uns halten könnte, und sehr, um unsere Herzen der Reise zuzuwenden.“

Sofern ich es hier nicht völlig versäumt habe, den Anschein zu erwecken, dass ich eine große Zuneigung zu meiner Mutter hegte, ist es leicht verständlich, wie wir dem Kundschafter geantwortet haben und ohne Verzögerung die wenigen notwendigen Vorbereitungen für die Reise getroffen haben, fest entschlossen, Kaskaskia vorher zu verlassen Tageslicht am nächsten Morgen.

Und nun möchte ich an dieser Stelle wiederholen, was ich viele Jahre später über Vincennes gelesen habe:

„Der stärkere und wichtigere Posten Vincennes am Ostufer des Wabash River, einhundert Meilen oberhalb seiner Mündung in den Ohio, war noch nicht unterworfen, und Major Clarke hatte das Gefühl, dass das Ziel seiner Mission nur zur Hälfte erreicht sein würde, wenn … Er erlangte diesen Ort nicht. Es war notwendig, Kaskaskia und Cahokia zu besetzen, um sie zu behalten, und dies würde seine kleine Armee so schwächen, dass er kaum auf einen Sieg bei einem Angriff auf Vincennes hoffen konnte, es sei denn, er sollte es tun Es gelang ihm ebenso, eine Überraschung herbeizuführen, wie er es bei der Eroberung der bereits in seinem Besitz befindlichen Posten getan hatte. Während er so ratlos war und nicht wusste, welchen Weg er einschlagen sollte, teilte er seine Wünsche Pater Gabault, einem französischen Priester, mit, der sich bereit erklärte, diese Einwohner von Vincennes herüberzuholen den er als Seelsorger beauftragte, zur Unterstützung der amerikanischen Sache. Der Einfluss des Priesters war erfolgreich; die Einwohner erhoben sich in der Nacht und brachen ihre Loyalität gegenüber den Briten ab, vertrieben die Garnison aus der Festung und rissen die englische Standarte nieder . Am Morgen wehte die amerikanische Flagge triumphierend über den Stadtmauern.

All dies geschah, bevor wir drei wieder nach Corn Island kamen, und ich frage mich, ob der britische König jemals mehr Territorium zu einem geringeren Blutverlust verloren hat, sei es auf Seiten derjenigen, die die Eroberung vorgenommen haben, oder auf Seiten der Söldner, die es hätten halten sollen Garnisonen, als bei dieser Expedition von Major Clarke in das Tal von Mississippi.

Mittlerweile bin ich ein alter Mann geworden, und doch habe ich seitdem nur wenig über die Errungenschaften von Major Clarke und seiner vierhundertköpfigen Streitmacht gehört, als den Briten der fruchtbarste Teil des Mississippi entrissen und in ein anderes Land umgewandelt wurde Teil der amerikanischen Kolonien.

Wir hatten unsere Arbeit gut gemacht, so wie es mir damals und auch heute vorkam, auch wenn in der Erzählung nichts von dem Waffengefecht und dem Jubel des Triumphs zu hören ist, die mit weitaus kleineren Errungenschaften einhergingen.

Und hier würde meine Geschichte richtig enden, wenn wir drei nicht die Reise den Mississippi hinunter nach Ohio machen müssten und dem Lauf dieses letzten edlen Flusses zu Fuß folgen müssten, weil wir die Strömung in einem Kanu nicht gut eindämmen konnten Land, das von grausamen Feinden heimgesucht wird, die alle Anstrengungen unternehmen würden, um uns das Leben zu nehmen.

KAPITEL XI.
Auf dem Heimweg.

Wir verbrachten keine Zeit damit, Abschied zu nehmen, nachdem wir uns einmal für die Reise vorbereitet hatten. Es war, als ob wir drei ein eigenes Kommando bildeten und keine Kameraden unter der Hauptmasse der Freiwilligen hätten, daher war es nicht nötig, uns zu verabschieden.

Simon Kenton sollte die Ohio-Papiere hochbringen, die Major Clarke ihm anvertraut hatte, und sobald diese in seinem Besitz waren, gab es in Kaskaskia nichts, was uns aufhalten könnte.

Wir verließen den Posten eine volle halbe Stunde vor Tagesanbruch, als außer den Wächtern niemand da war, der uns vom Ufer abstoßen sah, und ließen das Kanu flussabwärts treiben, bis wir den Ohio erreichten.

Es würde mühsamer sein, mit dem Unterstand gegen die schnelle Strömung zu paddeln, als zu Fuß zu gehen, und wir hatten bereits beschlossen, zu Fuß durch die Wildnis zu gehen und uns dabei immer in unmittelbarer Nähe des Flusses zu halten, wo wir am frühesten ankommen würden Informationen darüber, ob die Wilden auf Unheil aus waren.

Wir kamen an einem Punkt an, an dem wir auf die Flachboote auf der Abwärtsfahrt warteten, und hier verbrachten wir einen Tag damit, Fleisch zu beschaffen und zu kochen, denn Simon Kenton hatte beschlossen, dass wir weitermachen würden, sobald die lange Wanderung wirklich begonnen hätte im bestmöglichen Tempo. Es war vernünftig anzunehmen, dass wir in kurzer Zeit in dem Teil des Landes angekommen sein würden, in dem es möglicherweise nicht ratsam wäre, ein Gewehr abzufeuern, nur um Wild zu töten.

Wir hatten nicht damit gerechnet, dass wir die Reise ohne die Gefahr antreten würden, auf kleine Gruppen bemalter Rohlinge zu stoßen, die nach dem Blut weißer Menschen dürsteten; aber wir dachten nicht daran, dass uns ernsthafte Gefahren drohen würden. Das Schlimmste, so glaubten wir, könnte die Mühe sein, durch das Unterholz vorzudringen, bis die vielen Meilen, die zwischen uns und Corn Island lagen, zurückgelegt waren.

Besonders gut gelaunt war Simon Kenton an jenem Morgen, als wir, nachdem wir alle Vorbereitungen getroffen hatten, den Campingplatz mit Blick nach Norden verließen, und ich war außerordentlich glücklich, denn am Ende der Reise wartete meine Mutter darauf, mich zu begrüßen .

Zwei volle Tage lang drängten wir stetig weiter, sahen nichts, was uns beunruhigen könnte, und kamen einigermaßen gut voran, und dann kam das, was das fatale Ende einer überaus erfolgreichen Reise drohte.

In der zweiten Nacht lagerten wir in einem kleinen Dickicht aus Gestrüpp, wo das Laub so dicht war, dass der kühle Nachtwind so vollständig abgehalten wurde, als ob wir uns innerhalb von vier Wänden aus dicken Baumstämmen befunden hätten, und fühlten uns so sicher, wie es Simon Kenton selbst vorgeschlagen hatte Wir machen ein leichtes Feuer, um einen Truthahn zu kochen, den wir gerade getötet haben.

Das Fleisch wurde gebraten, und wir aßen ein Abendessen, das nur denen schmecken kann, die einen ganzen Tag lang gearbeitet haben, und als das Essen zu Ende war, schliefen Paul und ich ein, während wir noch vor dem Feuer saßen.

Wie lange wir so bewusstlos waren, kann ich nicht sagen; aber es schien mir, als hätte ich gerade erst die Grenzen des Traumlandes überschritten, als ich durch den Druck einer schweren Hand auf meinem Mund geweckt wurde.

Im Wald gewöhnt man sich daran, schnell und ohne aufzustehen aufzuwachen.

Wenn die Augen geöffnet sind, denkt man zuerst über den Grund für diese Erregung nach, und man schenkt der gesamten Umgebung gebührende Aufmerksamkeit, bevor man irgendeine Bewegung ausführt.

Deshalb verstand ich sofort, dass Simon Kentons Hand meinen Mund bedeckte und dass er eilig die helle Glut mit Asche begrub.

Ich drückte seinen Arm, um ihm zu zeigen, dass ich völlig erregt war, und erhob mich in eine sitzende Haltung.

Kein Laut brach die Stille der Nacht, denn so geschützt wir durch das Gestrüpp waren, drang nicht einmal das Heulen des Windes an unsere Ohren.

Kenton weckte Paul, und er, tapferer Junge, störte ihn so wenig, als hätte er sein ganzes Leben an der Grenze verbracht.

Ich war mir sicher, dass der Späher Wilde gehört oder gesehen hatte, und ich zog mein Gewehr, um mich zu vergewissern, dass es ordnungsgemäß funktionierte.

Es ist keineswegs beruhigend für die Nerven, so erregt und gezwungen zu sein, wachsam zu bleiben, ohne zu wissen, was droht. Ich kenne keine schwierigere Situation, und während ich innerlich vor Angst zitterte, suchte mein Blick in der Dunkelheit nach Paul, um zu erfahren, wie er das aushielt, was viele alte, erfahrene Jäger mir als das ihrer Meinung nach am schwierigsten beschriebene ertragen aller Grenzkriege.

Der Junge saß schweigend und regungslos da, das Gewehr in der Hand, und obwohl es unmöglich war, seine Gesichtszüge zu erkennen, wusste ich ganz genau, dass er genauso ruhig und gelassen war wie damals, als wir uns im Dickicht direkt hinter dem Palisadenzaun bei Kaskaskia versteckt hielten, als ich glaubte Ein verzweifelter Kampf lag vor uns.

Etwa eine halbe Stunde lang blieben wir drei in der gleichen Position wie beim ersten Erwachen, und dann begann Simon Kenton vorsichtig durch das Unterholz hinauszukriechen, nachdem er uns zuvor ein Zeichen gegeben hatte, ruhig zu bleiben.

Er wollte unbedingt erfahren, was ihn beunruhigt hatte, und wenn ich mich nicht als Feigling dargestellt hätte, hätte ich, so gut ich es auch durch Gesten könnte, darauf bestanden, dass er bei uns bliebe, denn für mich war fast alles besser als Trennung.

Ich unterdrückte jedoch den Impuls, trat aber näher an Paul heran, und er, lieber Junge, drückte meine Hand, als wollte er mir Mut machen.

Dass er, den ich anfangs für den Schwächsten in der Gruppe gehalten hatte, derjenige war, der mich ermutigte, beschämte mich, und ich warf wie im Zorn seine Hand weg, während in Wirklichkeit nichts als nervöse Angst die Bewegung veranlasste .

Soweit ich es beurteilen konnte, war Simon Kenton schon zehn Minuten weg, bevor wir überhaupt etwas hörten, und dann ließ der Knall einer Muskete, gefolgt von einem Schmerzensschrei, das Blut in meinen Adern fließen.

Instinktiv sprang ich auf, obwohl ich regungslos hätte bleiben sollen, und Paul packte den Saum meines Jagdhemds, als fürchtete er, ich könnte damit rechnen, hinauszustürmen.

Ein, zwei, drei Minuten vergingen, während dieser Zeit herrschte vollkommenste Stille, und dann verriet ein leises Rascheln der Zweige, dass der Späher zurückkehrte.

Ich atmete freier, wusste, dass er nicht derjenige war, der diesen Schmerzensschrei ausgestoßen hatte, und trat vor, um zu erfahren, wie ernst die drohende Gefahr war.

„Wir sind auf dreißig oder mehr Reptilien gestoßen – höchstwahrscheinlich auf dieselben, die wir beim Herunterfahren des Flusses getroffen haben", flüsterte er mir ins Ohr, als ich mich nach vorne beugte, um Informationen zu erhalten.

„Warum hast du geschossen?" Ich fragte und glaubte für einen Moment, dass er ihnen durch diese Tat verraten hatte, wo wir verborgen lagen.

„Sie hatten herausgefunden, wo wir waren, und umzingeln uns jetzt vollständig. Wenn wir darauf hoffen, Corn Island zu erobern, müssen wir uns den Weg freikämpfen, Junge. Es ist besser, sofort einen Schritt zu machen, als zu warten, bis sie es sind." bereit, sich uns zu nähern.

Aus diesen Worten verstand ich, dass Kenton die Situation für am gefährlichsten hielt, sonst hätte er uns nicht vorgeschlagen, in der Nacht zu handeln, wenn die Wilden uns gegenüber einen großen Vorteil hätten, und wie in solchen Fällen üblich, wuchs mein Herz wieder einmal feige.

Während ich unentschlossen dastand, wiederholte der Pfadfinder Paul hastig, was er mir gesagt hatte, und ich sah, wie der Junge ohne zu zögern aufstand. Schon damals war er mir, wie er sich seitdem viele Male bewährt hat, in allem, was einen Grenzgänger ausmacht, überlegen.

„Folgen Sie mir", flüsterte Kenton, „und wenn Sie zum Schießen gezwungen werden, sorgen Sie dafür, dass es keine Verzögerung beim Nachladen Ihres Gewehrs gibt. Meiner Meinung nach müssen wir uns durch diese Bande kämpfen." , und je mehr wir heute Nacht deaktivieren, desto einfacher wird unsere Arbeit morgen sein.

In meinem Kopf hatte ich den Gedanken, dass wir uns nun an einem Punkt befanden, an dem wir weiterkämpfen mussten, bis die eine oder andere Partei abgeschossen wurde, und angesichts der Tatsache, dass sie uns zahlenmäßig mindestens zehn zu eins überlegen waren, schien es sehr wahrscheinlich, dass unsere Gruppe dies tun würde Sei die Seite, die untergegangen ist.

Wenn die Gefahr auf mich zukommt, vergesse ich in der Regel meine Feigheit, und so war es auch jetzt. Es schien kaum eine Chance zu geben, dass wir uns durchkämpfen konnten, wo sich so viele uns widersetzten, und die Chancen standen alle zu Gunsten der Wilden.

Als ich dies voll und ganz erkannte, wie ich glaube, Simon Kenton auch, dachte ich nicht mehr an den Grund, den ich aus Angst hatte, sondern biss die Zähne zusammen und beschloss, den bemalten Wölfen einen guten Grund zu geben, sich an mich zu erinnern, nachdem sie uns abgeschossen hatten.

Simon Kenton hatte keine Lust zu verweilen; Er verstand, welchen Vorteil in einem Kampf der erste Schlag hat, und war bestrebt, ihn auszuteilen.

Er wartete nur lange genug, um sich zu vergewissern, dass wir beiden Jungs für die vor uns liegende heiße Arbeit bereit waren, und drehte sich dann um, um das Versteck zu verlassen, das, wie er gesagt hatte, bereits umzingelt war.

Paul wäre das Schlusslicht gewesen, wenn ich die Position nicht als mein Eigentum bekleidet hätte. Sicherlich konnte ein Junge, der schon immer in Städten gelebt hatte, nicht vernünftigerweise damit rechnen, einen solchen gefährlichen Posten zu erhalten, wenn es andere gab, die das Recht hatten, ihn zu beanspruchen.

Dass die Wilden scharf aufpassten, wussten wir sofort, als Simon Kenton aus dem dichten Dickicht trat, denn dann ertönte der Knall eines Gewehrs, und eine Kugel pfiff so nah an meinem Kopf vorbei, dass ich den „Wind" ihres Fluges spüren konnte.

Es war eine seltsame Tat, als die Dunkelheit so intensiv war, dass man in zwanzig Schritten Entfernung kein Objekt erkennen konnte, und wir drei doch instinktiv hinter die nächsten Bäume huschten, um Schutz zu suchen, und dort standen wir angestrengt in der Hoffnung, einen entdecken zu können lebendes Ziel.

Es war, als würde man in einen tiefen Brunnen blicken, um nach vorn zu blicken, und wir alle drei mussten im selben Moment begriffen haben, dass es kaum weniger als Torheit war, dort zu bleiben und zu hoffen, eine Kugel nach Hause zu schicken, denn Paul hatte sich gerade umgedreht Ich setzte den Flug fort, als Simon Kenton mir zuflüsterte:

„Wir können uns nicht nützen, wenn wir hier bleiben. Der beste Plan ist, flussaufwärts weiterzugehen und so viele Meilen wie möglich vor Tagesanbruch zurückzulegen."

Nachdem er dies gesagt hatte, stürmte er vorwärts und zwang Paul, sich hinter ihm aufzustellen, und ich folgte ihm dicht auf den Fersen.

Jetzt begann der seltsamste Kampf, den es je auf dem Ohio River gab.

Wir drei drängten vorwärts, als ob es für uns von großem Vorteil wäre, vor dem Morgen ein paar zusätzliche Meilen zu gewinnen, und die Wilden folgten vorsichtig und feuerten ab und zu wahllos, obwohl sie nicht hoffen konnten, dass eine einzige Kugel Wirkung zeigen würde.

Mehrmals hielten wir in der Hoffnung an, dass die Reptilien, die nur daran dachten, uns zu überholen, in Schussweite auftauchen könnten; aber sie waren zu vorsichtig, um sich von einem solchen Trick erwischen zu lassen.

Immer wenn wir zum Stillstand kamen, war es, als würde die ganze Natur aufhören zu atmen, denn wir konnten nicht das leiseste Flüstern im Laubwerk hören, und als der Flug eine Stunde oder länger auf diese Weise andauerte, sagte Simon Kenton, als wir an der Seite standen daneben und aufmerksam auf ein Zeichen der Bösewichte lauschend:

„Wir werden erst bei Tagesanbruch eine gute Chance auf sie haben, und dann haben sie die gleiche Chance auf uns. Ich denke, wir sollten besser so weit wie möglich zurücklegen, während es dunkel ist, und dann warten, bis es soweit ist." die Sonne geht auf."

Meines Erachtens würde es uns nur wenig nützen, wenn wir uns unserem Ziel ein paar Meilen nähern würden, denn wenn diese Schurken nicht innerhalb einigermaßen kurzer Zeit zurückgeschlagen werden könnten, würde es ihnen gelingen, uns zu töten, bevor wir auf fünfzig Meilen an unseren Zielort herankommen könnten am meisten erwünscht zu gewinnen.

Doch während wir den Tod für ein paar Stunden mehr oder weniger auf Distanz hielten, konnten wir genauso gut unser Gesicht in die richtige Richtung richten, und ich war bereit, alles zu tun, was der Späher mir vorschlug, denn wie gesagt, die Angst war von mir gewichen Jetzt, wo unsere Lage so verzweifelt war.

Abwechselnd fuhren wir mit voller Geschwindigkeit voran und hielten dann an, um Luft zu holen. Die Indianer feuerten hin und wieder wahllos in der Hoffnung, dass uns das Geräusch unserer Schritte als Orientierungshilfe dienen könnte; aber sie fügten uns durch Schüsse nicht mehr Schaden zu als wir ihnen, während wir es unterließen, unsere Waffen abzufeuern.

So verging die Nacht. Wir hatten keinen einzigen Schuss abgefeuert, während die bemalte Mannschaft, die uns verfolgte, zwanzig oder mehr Kugeln verschwendet hatte.

Nachdem ich den ganzen Tag gelaufen war, ermüdete mich diese schwere Anstrengung die ganze Nacht über übermäßig, und als das erste graue Licht der kommenden Morgendämmerung durch das Laubwerk fiel, kam es mir vor, als stünde ich kurz vor der Erschöpfung.

Die Wehen waren selbst bei Simon Kenton spürbar, und Paul hielt das Tempo nur durch bloße Willenskraft aufrecht.

Es war für mich eine wundersame Erleichterung, als der Kundschafter auf etwas zeigte, das wie ein dichtes Gestrüpp aussah, durch das ein kleiner Bach floss, als er sagte:

„Ich denke, wir werden keinen besseren Ort finden, um Stellung zu beziehen als dort."

„Fast alles wird mir gefallen, damit wir schnell anhalten, denn ich bin fast außer Atem", antwortete ich und konnte aufgrund meines schweren Atems nur schwer sprechen, und im nächsten Moment standen wir drei einander im Dickicht gegenüber , wo das Licht eines neuen Tages noch nicht eingedrungen war.

Die Wilden könnten während der Dunkelheit nicht sehr nahe herankommen, ohne mehr Risiken einzugehen, als sich solche Reptilien vorstellen konnten, und während einer bestimmten Zeit brauchen wir keine Angst vor Belästigung zu haben.

Paul und ich warfen uns der Länge nach auf den Boden, denn in keiner anderen Position schien es möglich zu sein, uns von der Erschöpfung zu erholen, die uns befiel; aber Simon Kenton blieb an einer Stelle stehen, von der aus er einen Teil unserer Umgebung überblicken konnte, als die Sonne die Dunkelheit vertrieben hatte.

„Ich nehme an, es gibt guten Grund zu der Annahme, dass die Indianer uns töten werden, bevor wir Corn Island erreichen können?" Sagte Paul in einem Tonfall, als würde er eine Frage stellen, nachdem er wieder zu Atem gekommen war und sprechen konnte, und Simon Kenton antwortete leise.

„Zwei oder drei solcher Rennen, wie wir sie heute Abend hatten, sollten ihnen guten Grund zur Entmutigung geben."

„Es ist eine Frage, ob sie oder wir das Schlimmste aus dieser Angelegenheit herausbekommen", fügte ich hinzu und versuchte, ruhig zu sprechen, wie es meine Kameraden getan hatten; Aber ich mache einen schlechten Job daraus.

„Vierundzwanzig Stunden sind eine lange Strecke", sagte Paul nachdenklich, „und ich kann nur mit Mühe die Augen offen halten."

„Geh schlafen, Junge", rief Kenton. „Wir müssen es schaffen, uns in der Nacht etwas auszuruhen, und wenn ihr beide gleichzeitig ein Nickerchen macht, habe ich später eine Chance."

Es mag seltsam erscheinen, dass Jungen unter solchen Umständen schlafen können, und doch hatte der Pfadfinder kaum die Erlaubnis gegeben, als ich in voller Länge ausgestreckt lag und meine Augen trotz aller Bemühungen, sie offen zu halten, schlossen.

Der Knall eines in meiner Nähe abgefeuerten Gewehrs weckte mich, und ich blickte mich um und sah, wie der Späher sein Gewehr nachlud.

„Hast du deinen Vogel geflügelt?" fragte ich schläfrig.

„Ich hoffe, dass ich dieses Teil nie wieder benutzen werde, wenn ich es nicht getan habe. Der Schleicher schlängelt sich seit zehn Minuten auf uns zu, und ich habe nur darauf gewartet, ihn glauben zu lassen, dass er seinen roten Kadaver draußen hält." aus Sicht, obwohl ich es von dem Moment an, als er anfing, deutlich bemerkte.

„Hast du die anderen gesehen?"

„Ja, ab und zu durch die Büsche; aber nicht so, wie ich es wollte, um ein gutes Ziel zu erreichen. Sie haben irgendwo in der Nähe des großen Gummibaums dort ihr Lager aufgeschlagen und brauchen genauso viel Ruhe wie wir. Ich rechne damit."

„Wie lange habe ich geschlafen?"

„Drei Stunden oder mehr."

„Dann ist es an der Zeit, dass du dich an die Arbeit machst", und ich stand auf, während Paul gleichzeitig aufstand.

Simon Kenton bestand darauf, dass wir uns wieder hinlegen; aber es kam mir so vor, als ob die Ruhe lange genug gedauert hätte, so gründlich wurde ich geweckt, und nach einer kurzen Diskussion tat er, was ich ihm vorschlug.

Es erübrigt sich für mich, alles aufzuschreiben, was im Laufe dieses langen Tages getan oder gesagt wurde.

Kenton schlief volle vier Stunden, und während dieser Zeit hatten wir zweimal auf die lauernden Reptilien geschossen, die von einem Baum zum anderen huschten, in der Gewissheit, dass einige der Kugeln Wirkung zeigten.

Dann befahl uns der Späher, mehr Schlaf zu bekommen, und er hörte auch nicht auf meine Behauptungen, dass ich mich vollständig von der Müdigkeit erholt hätte, die mich so sehr gequält hatte.

„Du hast ein weiteres langes Rennen vor dir und brauchst noch mehr Schlaf, wenn du damit rechnest, das Tempo beizubehalten, das ich vom Untergang der Sonne bis zum Wiederaufgang festlegen werde."

„Wie lange rechnen Sie damit, dass Sie einen solchen Flug durchhalten können?" fragte Paul leise, als wäre es eine Angelegenheit, an der er kein großes Interesse hätte.

„Bis jetzt scheint es uns eher besser zu gehen, als uns zu behaupten, und ich denke, wir sollten am besten weitermachen. Mindestens drei der bemalten Schlangen fühlen sich schlechter, weil sie diese kleine Verfolgungsjagd begonnen haben. und wir sind so gesund wie eh und je.

Es lag an meiner Zunge, zu sagen, dass wir in einer weiteren Nacht, in der wir durch den Wald rasten, nicht auf dasselbe Glück hoffen konnten, wenn es zu dunkel war, um etwas zu erkennen, das nicht direkt auf unserem Weg lag; Aber ich beherrschte mich rechtzeitig, denn es konnte nichts Gutes bringen, entmutigende Worte zu sagen, während wir uns in einer so verzweifelten Situation befanden.

Wir zwei Jungs legten uns wieder zum Schlafen hin, gemäß Kentons Befehl; aber ich war für ein paar Augenblicke erregt, als der Späher sein Gewehr abfeuerte und ich hörte, wie er vor sich hin murmelte:

„Das ist heute das vierte Spiel, und wenn wir das Spiel noch zwei Abende weiterführen können, werden sie vielleicht zu dem Schluss kommen, dass das Spiel nicht der Mühe wert ist."

Schläfrig dachte ich, dass wir noch vor vielen Stunden feststellen würden, dass die ganze Schießerei nicht von uns durchgeführt werden sollte; Aber als sich meine Augen wieder schlossen, hatte ich die Idee noch nicht im Kopf und war mir der Umgebung erst bewusst, als Kenton mich grob schüttelte.

„Es ist an der Zeit, noch einmal vorzustoßen", sagte er flüsternd, als ich mein Gewehr ergriff, da ich glaubte, die Wilden würden einen entschlossenen Angriff starten, und fügte mit einem leisen Lachen hinzu: „Es droht keine größere Gefahr als bei dir." War zuletzt wach, Junge; aber die Nacht ist gut für uns, und wir sollten umziehen.

Er weckte Paul, und der kleine Junge stand auf, gerüstet für jeden Notfall; aber ich rede kein Wort.

Wir hatten noch einen Teil unseres Fleisches, und daraus wurde schnell eine Mahlzeit zubereitet, woraufhin Simon Kenton sich bereit zeigte, sich erneut auf den Weg zu machen, was meiner Meinung nach eine fruchtlose Reise war, denn es schien unmöglich, dass wir es überleben würden Es.

Es war wie ein Albtraum, dieses Rennen durch das Dickicht, während die mörderischen Unholde uns dicht auf den Fersen waren und hin und wieder schossen, wenn in der Dunkelheit die wehenden Zweige unseren Kurs verkündeten.

Kenton hielt sein Wort, was die Festlegung eines schnellen Tempos anging. Nie zuvor und nie danach habe ich jeden Muskel und Nerv so viele Stunden am Stück beansprucht.

Es gab Zeiten, da drängten wir weiter, als würden wir einen Wettlauf laufen, und mehr als einmal prallte der eine oder andere von uns mit solcher Wucht gegen einen Baum, dass wir mit voller Länge nach hinten auf den Boden geschleudert wurden.

Wir hatten keine Zeit, uns um die Prellungen zu kümmern, wie schlimm sie auch sein mochten, denn dicht hinter uns rückten die unerbittlichen Bestien an und hofften höchstwahrscheinlich auf ein solches Missgeschick, wenn sie unsere Zahl um eins verringern könnten.

Ich glaube, sie haben fünfzig Mal auf uns geschossen, bevor wir einen Ruhetag einlegten, den wir zur Verteidigung nutzen mussten, und Gott sei Dank kam keine Kugel in unsere Nähe.

Ich wartete gespannt auf die ersten Anzeichen der Morgendämmerung; Mein Atem ging schwer und schnell, und ich fürchtete, ich könnte fallen und nicht wieder aufstehen können.

Paul war Kenton dicht auf den Fersen geblieben, ohne Müdigkeit oder Kummer zu verraten; aber gerade in dem Moment, als es schien, als müsste ich aufhören, was auch immer die Konsequenzen sein mochten, schrie er scharf:

„Weiter kann ich nicht gehen. Ihr zwei müsst ohne mich weitermachen! Es ist besser, dass ich zurückgelassen werde, als dass alle umkommen!"

„Wir werden alle mit voller Haut davonkommen oder gemeinsam fallen", sagte Simon Kenton scharf. „Versuch, das Tempo beizubehalten, Junge, bis wir einen Ort finden, an dem wir uns verteidigen können."

Noch während er sprach, waren wir an einer Stelle angekommen, an der ein halbes Dutzend großer Bäume vom Wind umgeworfen worden waren und genau die Art von Festung bildeten, die diejenigen, die so schwer bedrängt waren wie wir, brauchten.

Kenton half Paul über die Baumstämme bis in die Mitte, und ich stolperte oft und fiel völlig überwältigt auf mein Gesicht, als wir uns mitten im Holznetzwerk befanden.

KAPITEL XII.
EINE NEUE SCHLACHT.

Es war noch so dunkel im Wald, dass man seine Augen unbedingt anstrengen musste, um zehn Schritte entfernte Objekte zu erkennen. Daher kann man leicht verstehen, wie nahe uns die heulenden Wölfe waren, wenn ich sage, dass sie einen gemischten Triumphschrei ausstießen und Bedrohung, als wir das Rennen damit zu Ende brachten.

Es war offensichtlich, dass sie glaubten, wir seien jetzt in ihrer Macht, und tatsächlich ging mir fast derselbe Gedanke durch den Kopf, als ich aus der Benommenheit der Erschöpfung so weit erwacht war, dass ich unsere Umgebung wahrnehmen konnte.

Simon Kenton hatte uns mitten in einen Haufen umgestürzter Bäume geführt, der mit Weinreben und jungen Büschen bewachsen war und eine Fläche von vielleicht hundert Quadratmetern bedeckte. Es handelte sich um einen Zufluchtsort, der an einer teilweise geräumten Stelle lag und leicht umzingelt werden konnte, während man, um herauszukommen, seinen Körper jedem, der Wache hielt, als Ziel anbieten musste.

In der Düsternis des Morgens schien es ein besserer Ort zur Verteidigung zu sein, als es tatsächlich der Fall war, und ich frage mich, ob der Späher hier angehalten hätte, wenn er verstanden hätte, was es wirklich war.

Während wir in der Mitte der Masse blieben, waren wir von der Sicht abgeschirmt und konnten einen guten Teil von allem sehen, was um uns herum vorgehen könnte; Aber als das gesagt war, waren alle Vorteile des Ortes beschrieben.

Um daraus herauszukommen, müssten wir uns, sobald wir drinnen waren, wie ich bereits sagte, dem Feuer des Feindes aussetzen, und bevor viele Stunden vergingen, wären wir gezwungen, die Flucht zu ergreifen, es sei denn wir wollten vor Hunger oder Durst sterben.

Wir hatten keine Nahrung mehr bei uns und es gab keinen Tropfen Wasser in der Nähe des Flusses. Schon jetzt kam es mir so vor, als wäre mein Mund so ausgetrocknet, dass er anschwoll, und da er außerhalb meiner Reichweite lag, sehnte ich mich am stärksten nach etwas, um meinen Durst zu stillen.

Das Wissen um unsere Situation, wie ich es hier dargelegt habe, kam mir unmittelbar, nachdem ich mich ein wenig von den Auswirkungen der durch das schnelle Rennen verursachten Müdigkeit erholt hatte, und als ich Simon Kenton ins Gesicht sah, wusste ich genau, dass er es bemerkt hatte unserer unangenehmen Situation.

Der kleine Paul Sampson, der mutige Junge, als der er sich erwiesen hatte, war der Einzige, dem die Gefahr gleichgültig zu sein schien.

Als es ihm möglich war, aufrecht zu sitzen, denn er war fast erschöpft als ich, begann er, anstatt zu versuchen, alle Nachteile des Ortes zu entdecken, seinen Teil zur Verteidigung beizutragen, indem er unter dem umgestürzten Holz hindurch kroch, bis er konnte einen guten Blick auf den Teil des Waldes haben, aus dem wir gekommen waren, und gleichzeitig seinen eigenen Körper vor denen schützen, die höchstwahrscheinlich mit ihren scharfen Augen nach einem lebenden Ziel suchten.

Ich glaube, Simon Kenton konnte die Gedanken, die mir durch den Kopf gingen, an meinem Gesicht ablesen, denn er sagte langsam, als würde er jedes Wort gut abwägen:

„Es muss ein Kampf sein und nicht nur eine Zeit der Verteidigung. Wir können unsere Position ohne große Leiden vierundzwanzig Stunden lang halten; aber am Ende dieser Zeit wird es zwangsläufig eine Veränderung geben, wenn wir darauf zählen." Ich sehe Corn Island wieder.

„Wie willst du eine Schlacht zustande bringen, wenn die Wilden nicht bereit sind, uns die Chance zu geben?" Ich fragte gereizt. „Sie können beliebig lange in Deckung bleiben und uns dennoch im Blick behalten. Bei ihnen geht es nicht darum, zu verhungern."

„Ein Mann wird nie geschlagen, bis er die Hoffnung verliert", antwortete der Kundschafter fröhlich, und die Worte waren kaum gesprochen, als Pauls Gewehr scharf erklang.

„Da ist einer weniger!" rief der Junge triumphierend. „Sie schleichen sich an, um auf uns zu schießen, und wir müssen nur die Augen offen halten, um ihre Zahl bis zum Sonnenaufgang stark zu verringern."

Diese mutigen Worte brachten mich im Handumdrehen aus meinem Anfall der Verzweiflung, und mit einem Gefühl der Schande darüber, dass dieser Junge aus dem Osten sich mehr als ein Mann erweisen sollte als ich, kroch ich zum Rand unserer Barrikade.

Jetzt lagen wir drei dort, wo wir die ganze Umgebung überblicken konnten, und in der nächsten Stunde, als die Sonne zu Ende war und lange Lichtstrahlen durch die Öffnungen im Wald sandte, gelang es uns, fünf der Schurken loszuschicken zu ihren glücklichen Jagdgründen oder zurück in Deckung, behindert durch schwere Wunden.

Ein solcher Anfang gab mir großen Mut, bis mir klar wurde, dass es unwahrscheinlich war, dass sich die Reptilien nach einer so scharfen Lektion so schnell entblößen würden.

Simon Kenton hatte sich offensichtlich für eine Vorgehensweise entschieden, die Erfolg versprach, denn als er sicher war, dass sich die roten Schlangen in eine sichere Entfernung zurückgezogen hatten, sagte er fröhlich:

„Ihr zwei Jungs müsst jetzt etwas schlafen, denn wenn ich mich nicht irre, werden wir bis Sonnenuntergang das Quartier wechseln."

„Es besteht wenig Hoffnung, dass sie uns mit unserem Leben hier rauslassen", antwortete ich verzweifelt, und der Späher fügte scharf hinzu:

„Bisher haben wir keinen Grund, uns zu beschweren, und wir werden uns nicht als Dummköpfe erweisen, wenn wir in die Zukunft blicken, um Ärger zu erwarten. Schlaft, Jungs, denn um die Mittagszeit werde ich das gleiche Privileg beanspruchen."

So müde wir auch waren, war es keine schwierige Aufgabe, im Schlaf die Augen zu schließen, und fünf Minuten nach Erteilung des Befehls schliefen wir tief und fest und erwachten erst, als die Sonne direkt über uns stand, als der Kundschafter uns wachrüttelte .

„Du hattest gute sechs Stunden Ruhe, und ich rechne damit, dass du nur drei Stunden schaffst. Pass gut auf, bis der Nachmittag halb vorbei ist, und wecke mich dann."

„Warum solltest du nicht so lange schlafen wie wir?" Ich fragte, während Paul durch die Baumstämme kroch, von wo aus er unsere Umgebung am besten überblicken konnte.

„Denn dann wird die Zeit gekommen sein, in der wir uns auf einen solchen Kampf vorbereiten müssen, der die Bestien dort davon überzeugen wird, dass es nicht sicher ist, drei weiße Männer mit dem Gedanken zu überfahren, sie in einem Wald wie diesem in die Enge zu treiben."

Ohne zu erklären, was er vorhatte, machte sich Simon Kenton auf den Weg zu seiner wohlverdienten Ruhe, und wir Jungs hielten Wache, so gut wir konnten.

Drei Stunden vergingen schweigend, und in dieser Zeit hatten wir nicht einmal ein Federbüschel gesehen, das auf den Aufenthaltsort eines Feindes hindeutete.

Indem ich mich mit der unangenehmen Tatsache beschäftigte, dass wir weder Nahrung noch Wasser hatten, litt ich stark unter Hunger und Durst, und weil ich so meiner Fantasie freien Lauf ließ, war ich entmutigt und hoffnungslos.

Paul nahm es auf sich, den Späher zu wecken, und sobald Kentons Augen geöffnet waren, machte er sich daran, den Kampf zu beginnen, von dem er gesprochen hatte.

Ein paar Augenblicke Arbeit mit unseren Messern genügten, um jedem von uns eine lange Stange zu verschaffen, und dann erklärte er seinen Plan.

Seinem Befehl zufolge sollten wir uns mit einsatzbereiten Gewehren auf den Boden legen und mit den Stangen ein solches Rascheln im Laub erzeugen, dass der Feind glaubte, wir würden herauskriechen.

Es wäre nur natürlich, dass die Wilden feuerten, wann immer sie ein Schwanken der Büsche oder Äste sahen; aber wegen der Länge der Stangen wären wir nicht nahe genug an dem Ort der Störung, um eine große Chance zu haben, von den Kugeln getroffen zu werden.

Aus unserer Barrikade pfiffen drei Kugeln, und jede traf ihr Ziel. Seite 259.
An der Grenze zu Kentucky.

Kenton hatte seinem Manöver den Namen „Schlacht" gegeben; aber es war nicht mehr und nicht weniger als ein Trick, und zwar einer, an dem die Wilden selbst ihr größtes Vergnügen hatten.

Sie hatten jedoch keinen Grund, sich darüber zu freuen, denn es funktionierte so, wie Kenton es erwartet hatte, und bevor die bemalten Wölfe das Spiel verstanden hatten, hatten sie eine Lektion erhalten, die sie, wie ich garantiere, niemals vergessen würden.

Als wir drei an der richtigen Stelle waren, gab Simon Kenton das Zeichen und wir stießen kräftig mit den Stangen herum.

Im Handumdrehen wurden von verschiedenen Punkten im Laubwerk ein halbes Dutzend Gewehre abgefeuert, was zeigte, dass der Feind scharfe Wache hielt und jeder von uns ein Ziel hatte.

Aus unserer Barrikade pfiffen drei Kugeln, und jede traf ihr Ziel!

Es fiel mir schwer, einen Triumphschrei zu unterdrücken, denn jetzt begann ich zu begreifen, dass wir uns bald einen Weg frei machen könnten, wenn diese Reptilienbande nicht mehr wirklichen Mut aufbringen würde, als ihre Rasse normalerweise an den Tag legt, wenn sie gegen weiße Männer antritt.

Nach einer Pause von fünf Minuten oder mehr wiederholten wir das Manöver, erhielten eine ähnliche Antwort wie zuvor und konnten einem weiteren Trio Tod oder Wunden zufügen.

„Sechs wurden in ebenso vielen Minuten ausgelöscht oder außer Gefecht gesetzt!" Sagte Simon Kenton mit leiser und triumphierender Stimme. „Was haltet ihr jetzt von meinem Kampf, Jungs?"

„Wenn sie noch zweimal in die Falle tappen, können wir damit rechnen, dieses Flussufer für uns zu haben", antwortete ich unvorsichtig laut, und der Kundschafter sagte warnend:

„Seien Sie vorsichtig, Louis, seien Sie vorsichtig. Wenn sie ahnen, was für ein Spiel wir spielen, besteht kaum eine Chance, dass sie das tun, was wir wollen."

Nun, damit ich diese schlechte Geschichte nicht so weit in die Länge ziehe, dass sie den Leser ermüdet, genügt es, wenn ich sage, dass es uns dreimal mehr gelang, Ziele für unsere Gewehre zu finden, indem wir die Stangen energisch einsetzten, und das war ich mir sicher Von dem Moment an, als der Späher geweckt wurde, bis die Wilden sich weigerten, auf unseren Befehl hinauszukommen, hatten wir Kugeln in nicht weniger als dreizehn von ihnen geschickt.

In Anbetracht der Tatsache, dass ihre Zahl nach dem, was wir gesehen und gehört hatten, nicht mehr als vierzig gewesen sein durfte, war unsere Arbeit gut geeignet, sie zu entmutigen.

Sie hatten nicht weniger als hundert Kugeln in den Holzhaufen geschossen, und doch hatten wir keinen einzigen Kratzer abbekommen!

Ich vergaß fast, dass ich hungrig oder durstig war, denn das Fieber des Tötens hatte mich erfasst, und meine einzige Hoffnung war, dass wir sie noch zwei- oder dreimal mehr anlocken würden, um den schurkischen Unmenschen eine solche Lektion im Aderlass zu erteilen wie sie hatte noch nie zuvor gelernt.

Darin war ich jedoch enttäuscht, denn die Schlangen hatten entweder unser Spiel verstanden oder wurden weggezogen, um ihre Wunden zu versorgen, und wir sahen sie nicht mehr.

Bei Einbruch der Dunkelheit stahlen wir uns vorsichtig aus dem umgestürzten Holz hervor, und es wurde kein einziger Schuss hinter uns abgefeuert.

Eine Meile oder mehr vom Schauplatz unseres größten Triumphs entfernt machten wir Halt, um unseren Durst am Fluss zu stillen, und während der Nacht war unser Marsch weniger eilig als zu Beginn des Rennens.

Am nächsten Morgen hielten wir zum Frühstück an, nachdem wir einen Truthahn geschossen hatten, und zu diesem Zeitpunkt war es sicher, dass die bemalten Reptilien, die darauf vertraut hatten, unser Blut zu vergießen, bei dem Preis, den wir dafür verlangten, dieses Verlangen nicht mehr hegten.

Danach marschierten wir gemächlich und in relativer Sicherheit weiter, bis wir Corn Island erreichten, wo meine Mutter Paul und mich begrüßte, als wären wir von den Toten auferstanden.

Was wir dort gemacht haben oder welche weiteren Abenteuer Simon Kenton erlebten, bevor er sein Zuhause in Virginia erneut besuchen konnte, ist nicht meine Aufgabe, hier aufzuzählen, da es eine Geschichte für sich darstellt. Ich kann auch nicht erzählen, wie ich meiner Mutter in dieser neuen Siedlung, die später den Namen Louisville erhielt, ein Zuhause bot; Aber es scheint notwendig, dass ich die Geschichte, wie es Major Clarke gelang, das Tal des Mississippi den Klauen der Briten zu entreißen, aus dem, was ein anderer geschrieben hat, abschreiben sollte, und mit diesem Bericht beende ich diesen Bericht, in der Hoffnung, dass andere ihn finden Mir macht die Lektüre genauso viel Freude wie mir das Schreiben.

„Am 29. Januar 1779 ging die Nachricht ein, dass Gouverneur Hamilton fast einen Monat zuvor von Detroit aus eine Expedition gegen Vincennes unternommen hatte und dass die Stadt wieder im Besitz des Feindes war. Es wurde auch gesagt, dass ein anderer Im Frühjahr sollte eine gewaltigere Expedition ausgesandt werden, um Kaskaskia zurückzuerobern und die verschiedenen Posten an der Grenze zu Kentucky anzugreifen. Mit seiner gewohnten Schnelligkeit und Energie bereitete sich Colonel Clarke (der

Gesetzgeber von Virginia hatte ihn kürzlich befördert) darauf vor, dem Feind zuvorzukommen. und den ersten Schlag ausführen.

„Er plante eine Expedition gegen Vincennes und begann am siebten Februar seinen Marsch durch die Wildnis mit einhundertfünfundsiebzig Mann. Zuvor hatte er Kapitän Rogers und vierzig Mann, zwei Vierpfünder und ein Boot mitgeschickt Befehl, den Wabash hinauf bis zu einem Punkt in der Nähe der Mündung des White River vorzudringen und dort auf weitere Befehle zu warten.

„Eine ganze Woche lang durchquerte Colonel Clarkes Gruppe die versunkenen Ländereien von Illinois und litt unter allen Entbehrungen durch Nässe, Kälte und Hunger. Als sie am Little Wabash ankamen, an einem Punkt, an dem die Flussgabelungen drei Meilen voneinander entfernt sind, fanden sie das Der dazwischen liegende Raum war bis zu einer Tiefe von drei Fuß mit Wasser bedeckt. Die Landpunkte waren fünf Meilen voneinander entfernt, und die ganze Strecke über wateten diese zähen Soldaten durch die kalte Schneeflut, die manchmal bis zu den Achselhöhlen reichte.

„Am Abend des 18. machten sie in einiger Entfernung von der Mündung des Embarrass Creek und so nahe an Vincennes Halt, dass sie das Dröhnen der Abendpistole hören konnten. Hier lagerten sie für die Nacht und am nächsten Morgen im Morgengrauen mit ihren Mit Schießpulver geschwärzte Gesichter, um abscheulich auszusehen, überquerten sie den Fluss in einem Boot, das sie gesichert hatten, und drängten durch die Fluten weiter in Richtung der Stadt.

„Gerade als sie trockenes Land in Sichtweite von Vincennes erreichten, nahmen sie einen Bewohner gefangen und schickten ihn mit einem Brief in die Stadt, in dem er die sofortige Übergabe des Ortes und der Festung forderte. Die überraschten Menschen waren sehr beunruhigt und glaubten Die Expedition sollte aus Kentucky stammen und sich aus den Wilden und Starken dieses vorrückenden Staates zusammensetzen. Wären bewaffnete Männer aus den Wolken in ihre Mitte gefallen, hätten sie nicht mehr erstaunt sein können, denn es schien für diese kleine Gruppe unmöglich, die überschwemmte Flut zu durchqueren Das Volk war bereit, der Forderung nachzukommen, aber Gouverneur Hamilton, der persönlich das Kommando hatte, ließ dies nicht zu.

„Eine Belagerung begann, und vierzehn Stunden lang dauerte ein wütender Konflikt an. Am nächsten Tag wurden die Stadt und die Festung übergeben und die Garnison in Kriegsgefangenschaft gebracht. Das Sternenbanner trat an die Stelle des Roten Kreuzes von St. George; a Eine Runde von dreizehn Kanonen verkündete den Sieg, und in dieser Nacht ruhten die erschöpften Truppen von Colonel Clarke in Trost.“

DAS ENDE

www.ingramcontent.com/pod-product-compliance
Lightning Source LLC
LaVergne TN
LVHW041657190726
843493LV00007B/1840